100 CONSEILS POUR S'INSTALLER EN LIBÉRAL

Angela PORTELLA
Avec la collaboration
de Fatiha TEMMOURI

PARTIE V

INTRODUCTION

En ces temps de crise, les chiffres de création d'entreprise ne cessent d'augmenter, et toute une jeune génération ayant comme objectif d'allier vie professionnelle et vie personnelle est tentée par le statut qu'offrent les professions libérales. Il possède en effet de nombreux avantages, mais aussi, comme toute situation, quelques inconvénients. Avant de se lancer, il est donc important de se poser un certain nombre de questions. Et en premier lieu...

Que veut dire « profession libérale » ?

La profession libérale est associée à une activité intellectuelle non salariée. Il y a les professions libérales qui sont aisément identifiables, comme les professions médicales (médecins, kinésithérapeutes...), les professions juridiques (avocats, notaires...) et les professions techniques (architectes, géomètres...). Ces professions sont dites « réglementées » car elles sont régies par des ordres et des instances professionnelles ; elles ont une conduite à tenir et une éthique à respecter. Mais la profession libérale concerne de nombreuses autres activités qui, elles, sont dites « non réglementées ». Cette catégorie comprend, entre autres professions, le *consulting*, le conseil en communication, la traduction, etc. En règle générale, les professions libérales non réglementées ne rentrent pas dans le domaine commercial, agricole, artisanal ou industriel. Concernant les professions libérales réglementées, il est indispensable de :
- s'assurer de bien posséder le diplôme exigé par le corps de métier ;
- s'assurer qu'il n'y a pas de limitation à l'exercice de l'activité dans la zone choisie.

Quelques conseils de libéraux qui sont passés par là... avant d'entrer dans le vif du sujet

- Tout d'abord, avant d'avoir un statut libéral, dans certaines professions, mieux vaut avoir des clients (ou au moins un). Souvent, ceux qui s'« installent » en indépendant pensent que le fait d'avoir un statut va tout changer. Ils oublient qu'ils peuvent même commencer à facturer sans avoir de statut. Donc commencer par avoir des clients, puis une fois que l'on est certain d'avoir quelques commandes, on peut prendre un statut d'indépendant.

• Bien répartir les recettes les trois premières années, et penser aux charges sociales. Prévoir un tiers pour soi, un tiers pour les charges et les taxes, un tiers pour ses frais. Ne pas considérer les recettes comme un revenu.
Petit site utile en la matière :
www.entrepriseindividuelle.info/Calc_CharSoc.php

• Bien intégrer le fait que, les premières années, un libéral n'obtient pas facilement de crédit immobilier et qu'en dossier location, les bailleurs peuvent être frileux aussi.

• Au démarrage, prendre quelques jours pour absorber les bases de la comptabilité, même si l'on a un comptable, afin de savoir de quoi parle celui-ci.

• Bien séparer compte professionnel et compte personnel. Penser aussi à séparer son porte-monnaie professionnel du personnel.

• Penser à sa retraite dès le début. Grâce à la loi Madelin, certaines cotisations peuvent être déduites en frais professionnels. On peut aussi anticiper en achetant son local professionnel sur des fonds personnels.

• Etablir un planning des paiements et cotisations pour ne pas avoir de mauvaises surprises : RSI, caisse de retraite, impôts, TVA, etc.

• Ne pas oublier de souscrire une assurance maladie-accidents du travail, qui permet d'avoir un revenu de secours en cas de problème.

• S'occuper de son réseau : en libéral, les clients viennent principalement du réseau, il faut consacrer 15 à 20 % de son temps à l'entretenir.

• Dans un premier temps, opter pour la colocation de bureaux, moins chère et plus motivante que le bureau où l'on travaille seul.

• Sur les devis, intégrer cette mention : « Toutes les prestations non énumérées dans le présent devis pourront faire l'objet d'un complément de facturation au terme du projet. A tout moment, à la demande expresse du client, toute prestation non décrite dans le présent devis pourra être chiffrée. » Ceci afin d'éviter les clients de mauvaise foi qui pensent que toutes les tâches que vous avez faites en plus sont gratuites !

• Faire preuve de motivation, de courage et d'enthousiasme. Ne pas s'installer en libéral si cela s'avère être difficile et anxiogène.

AVANT **DE** SE **LANCER**

PARTIE I

1. Travailler en libéral : avantages et inconvénients

S'installer en libéral relève d'un certain goût du risque et de l'indépendance. Cela passe par le fait de devenir son propre patron, de travailler aux horaires qui vous conviennent (week-end, soirs...), de ne pas avoir de pressions institutionnelles ; c'est le plaisir de porter plusieurs casquettes (gestionnaire, standardiste, négociateur...) ; c'est la possibilité de développer une clientèle et parfois d'accéder à un niveau de revenu plus élevé que la moyenne des gens.
Néanmoins, ces avantages ne vont pas sans leur lot de contraintes. S'installer en profession libérale ne veut pas toujours dire « être son propre patron » : il y a parfois des collaborateurs qu'il faut associer à la prise de décision ; gagner de l'argent veut dire supporter des charges comme la location d'un local, l'investissement dans le matériel informatique, la rémunération d'un employé. Le libéral ne doit pas non plus oublier l'aspect administratif de son métier. Par ailleurs, en tant qu'indépendant, vous êtes assimilé à un Travailleur non salarié (TNS). Vous ne pouvez donc pas bénéficier des indemnités de chômage si votre activité prend fin. Afin d'être couvert en cas de clé sous la porte ou de maladie, vous devez recourir à des assurances complémentaires souvent coûteuses.

Pour ces raisons, il est nécessaire, avant le démarrage, de se poser les bonnes questions.
• Maîtrisez-vous suffisamment bien tous les aspects de votre métier pour pouvoir l'exercer de manière indépendante ?
• Pensez-vous être capable de prendre seul et rapidement les décisions importantes ?
• Avez-vous le tempérament d'un négociateur ou des notions de vente ?
• Serez-vous capable de supporter les lourdes charges de travail qui s'imposent lors d'une création d'entreprise ?
• Vous sentez-vous capable de consacrer moins de temps à votre famille (car cette question se posera à certaines périodes de votre activité) ?
• Etes-vous en bonne santé pour mener à bien et seul votre projet ?
Voici le type d'interrogation qu'il faut mener afin de mieux appréhender votre personnalité face au statut de libéral et recourir à la formation si cela s'avère nécessaire.

2. Aimez-vous la solitude ?

S'installer en libéral signifie souvent travailler seul. Difficile de se motiver, d'avoir de l'énergie et surtout de se discipliner quand il n'y a pas de collègues ou de patron autour de soi. En effet, le statut d'indépendant mène l'entrepreneur à faire face seul à ses tâches mais également à ses responsabilités. Il est donc important de bien identifier au préalable cet aspect incontournable du statut. Interrogez votre personnalité mais aussi votre entourage sur votre capacité à supporter de telles conditions de travail.
• Serez-vous capable de prendre des décisions seul si vous avez été auparavant habitué à fonctionner en équipe ?
• Etes-vous d'un tempérament autonome ? Pourrez-vous vous plier à un calendrier sachant que vous êtes seul maître à bord ?
• Travailler en indépendant veut souvent dire déjeuner seul, passer la journée seul... Avez-vous pensé à cet aspect de votre nouvelle vie professionnelle ? Serez-vous capable de vous y adapter ?

Bien entendu, ces caractéristiques du statut trouvent des options. En ayant bien identifié ces contraintes, vous pourrez aussi mieux les appréhender.
• Il existe, par exemple, de nombreux réseaux sociaux d'affaires (Viadeo, Linkedin...) qui permettent une mise en relation avec des personnes partageant les mêmes activités professionnelles que vous. Pensez à vous inscrire sur ces réseaux.
• Même si vous êtes la plupart du temps seul à votre bureau, vous pouvez avoir recours à des collaborations ponctuelles. C'est une démarche qui rompra le train-train de votre solitude et enrichira votre expérience.
• N'hésitez pas également à lier amitié avec des indépendants dans votre quartier même s'ils n'exercent pas la même activité ; c'est l'occasion de ne pas déjeuner seul et de sortir pour quelques instants de vos préoccupations de bureau.
• N'hésitez pas non plus à vous rendre à des manifestations, à des salons, des associations ou à vous inscrire dans des clubs ; ce sont encore des occasions de trouver de nouveaux clients et de nouer des contacts professionnels.

Mais attention : malgré ces réponses à la solitude, si vous êtes une personnalité qui ne supporte pas l'isolement (votre entourage saura vous le dire), réfléchissez sérieusement avant de vous engager dans la voie de l'indépendance !

3. Où pratiquer votre activité ?

Choisir le lieu où va se situer votre activité s'apparente à une étude de marché. Cette étape est essentielle puisque le positionnement que vous aurez choisi sera l'un des éléments principaux du succès ou de l'échec de votre entreprise. Comment un libéral doit-il prospecter le lieu de son activité ? Voici les principales orientations que vous devez prendre en compte :

• connaître le nombre de concurrents dans le secteur ;
• connaître la qualité de ces concurrents ;
• connaître la population locale (âge, profession, etc.) ;
• s'informer sur la politique économique locale (comment se porte la vitalité du tissu industriel par exemple) ;
• évaluer votre environnement, la proximité des acteurs de votre activité. Les environnements ne sont pas les mêmes selon que vous êtes dans la branche juridique, technique ou médicale (par exemple, la proximité d'un hôpital, d'une pharmacie sera importante pour l'exercice d'une profession médicale) ;
• l'installation dans certaines régions ou zones peut donner lieu à des allégements fiscaux par le biais du dispositif ZRR (Zone de revitalisation rurale).

Dans la mesure où l'étude de marché est un élément clé de votre réussite, il faut procéder de façon méthodique. En tapant sur un moteur de recherche les mots « étude de marché », vous trouverez des liens vers un grand nombre d'exemples. Vous pouvez aussi faire appel à des professionnels. Si votre budget est réduit, il existe les juniors entreprises. C'est un type d'association qui existe dans les écoles et les facultés. Cette association fait travailler des étudiants souvent dynamiques, bien avancés dans leurs études et qui maîtrisent leurs domaines de compétence. C'est une bonne astuce pour être bien accompagnée dans cette étape « marketing ».

▶ **Attention** : vous pouvez avoir créé votre activité parce qu'un client vous a confié un marché. Dans ce cas, vous ne prenez pas en compte l'étape de l'étude de marché. Sachez néanmoins que cette démarche peut se révéler risquée, car une entreprise « monocliente » cesse de vivre le jour où le client met fin à la collaboration.

4. La concurrence

Sachez-le, c'est chez vos concurrents que vous trouverez la réponse à votre stratégie d'entreprise. Vos concurrents ont mis du temps et des efforts pour s'imposer sur le marché. Les localiser et les analyser constitue la voie la plus rapide vers le succès de votre entreprise.

Localiser vos concurrents

• Etablissez une carte géographie de vos concurrents ; vous visualiserez leurs emplacements et comprendrez mieux leur concentration à un endroit ou leur dispersion à un autre.
• Quantifiez et classez vos concurrents selon la proximité qu'ils ont avec votre activité (lien direct ou indirect).

Analyser vos concurrents

Pour analyser la concurrence, il est bon de jouer le rôle du client. Les contacter par mail ou par téléphone vous permettra notamment de tester leur réactivité.
• Préparez en amont un scénario (plausible !) que vous exposerez à chacun d'eux afin de connaître mieux leurs produits ou prestations.
• Renseignez-vous sur le processus de commande (comment cela se passe une fois que la commande a été faite). Le fournisseur se fera un plaisir de vous dire pourquoi il est meilleur dans son domaine.
• N'oubliez pas de demander de la documentation (plaquettes, cartes de visites, site Internet...) : vous aurez ainsi un aperçu de l'image que souhaite véhiculer le concurrent.
• Rendez-vous dans les foires et les salons pour observer et échanger. Il ne faut pas hésiter à vous présenter comme un confrère, car l'honnêteté vous donnera plus de chance d'être respecté et associé à la vie de votre activité. Les foires et salons sont un formidable moyen de prendre la température de vos concurrents.

▶ **Bon à savoir** : l'Insee met à la disposition des créateurs d'entreprise l'Odil (Outil d'aide au diagnostic d'implantation locale) pour les aider dans la préparation de leur projet (http://creation-entreprise.insee.fr).

5. Local indépendant ou travail à la maison ?

De nombreuses professions libérales nécessitent la location d'un local, mais bon nombre d'indépendants qui démarrent leur activité n'ont besoin que d'un bureau et d'un peu de matériel. La tentation, alors, de s'installer chez soi est séduisante car elle évite le coût important d'un loyer supplémentaire.

Avant d'entreprendre une telle démarche, il faut bien réfléchir à la particularité de votre activité : est-elle compatible avec votre lieu de vie ? Jusqu'à quelle heure êtes-vous certain d'être seul à votre domicile ? Existe-t-il un endroit que vous pourrez aménager, où vous pourrez vous isoler ? Aurez-vous besoin de recevoir régulièrement des visiteurs (clients, collaborateurs… ?).
Pensez aussi à la discipline (presque draconienne) qu'implique le fait d'installer son bureau à la maison : ne pas avoir le réflexe de vouloir mettre la machine en route même si cela ne prend que quelques secondes ; ne pas se laisser distraire par des visiteurs qui veulent prendre le thé et « papoter » parce qu'à leurs yeux, puisque vous êtes à la maison, vous êtes disponible, etc. Cette énumération fait partie des quelques dangers que vous risquez de rencontrer. Bien entendu, il y a des personnes qui sont capables de les surmonter, mais pour d'autres, en revanche, cela sera difficile.

C'est pour cette raison que le local, même s'il génère un coût, peut permettre une indépendance, un environnement qui favorise la concentration et la possibilité de séparer vie professionnelle et vie privée. Tout est une question de personnalité ; il est essentiel de bien vous connaître, de vous interroger, de questionner votre entourage, voire de tester avant de vous engager dans une option ou l'autre.

Lorsque l'on souhaite installer son activité à son domicile, il faut également respecter un certain nombre d'obligations légales :
• lorsque vous décidez d'exercer à votre domicile et que vous êtes locataire ou copropriétaire, vous êtes dans l'obligation d'obtenir l'autorisation de votre propriétaire et de vérifier que le règlement de copropriété n'interdise pas l'exercice d'une activité professionnelle ;

• si vous souhaitez transformer les locaux, vous devez demander l'autorisation à votre propriétaire ou à votre syndicat de copropriété, car la transformation d'un local d'habitation en local professionnel est soumise à une réglementation stricte.

▶ **Bon à savoir** : il est nécessaire dans certaines villes de plus de 200 000 habitants et dans les départements des Hauts-de-Seine, de la Seine-Saint-Denis et du Val-de-Marne de respecter les conditions suivantes pour installer son activité chez soi : votre domicile doit être votre résidence principale, l'activité doit être exercée exclusivement par le locataire, votre activité ne doit pas générer de dangers ou de nuisances pour le voisinage.

6. Bureau d'affaires ou pépinière ?

Il y a souvent un amalgame fait entre la pépinière d'entreprises et le centre d'affaires. Avant de recourir à l'une ou l'autre de ces structures, il est important de saisir les éléments qui les différencient.

La pépinière d'entreprises

Une pépinière d'entreprises est une structure gérée par les collectivités locales et destinée à soutenir la création d'entreprise en apportant conseil, aide technique et financière aux entrepreneurs. Ce soutien se traduit par la mise à disposition de bureaux, de services logistiques (salle de réunion, accueil...), de services d'accompagnement à travers la formation, et par une mise en relation avec les acteurs économiques. Cet hébergement de l'entreprise nouvellement créée se négocie à des tarifs avantageux et pour une durée de quatre ans maximum.

Le centre d'affaires

Un centre d'affaires permet d'abord à l'entrepreneur d'avoir une domiciliation. Cette structure offre en second lieu des locaux équipés de matériel informatique (ordinateur, photocopieuses, fax...) et des services qui comprennent la réception des clients, la location de salle de réunion, un secrétariat, etc. Ce concept s'apparente à une location de bureaux clés en main.

Différence entre la pépinière et le centre d'affaires

La différence entre une pépinière d'entreprises et un centre d'affaires réside dans le fait que la première est une structure publique subventionnée et la seconde, une structure privée. Dans le cas de la pépinière, seules les entreprises nouvellement créées

peuvent y prétendre. Elles doivent pour cela proposer leur candidature, susceptible d'être acceptée ou refusée. Le centre d'affaires, lui, est accessible à tous et pour une durée illimitée.
Bien entendu, les centres d'affaires pratiquent des prix plus élevés que ceux proposés par les pépinières, mais le service dispensé par le centre d'affaires se veut plus complet et plus personnalisé (certaines pépinières offrent parfois des locaux vides que l'entrepreneur doit lui-même meubler...).
En raison de leurs similitudes, il arrive très souvent qu'une entreprise qui a démarré en pépinière évolue ensuite vers un centre d'affaires. Une solution de remplacement qui lui permet de maîtriser ses coûts.

▶ **Pour plus d'informations** :
• Annuaire géographique des pépinières d'entreprise : www.auto-entrepreneur.fr/cooperatives-activites-emploi
• Syndicat national des centres d'affaires et entreprises de domiciliation : www.acces-france.net

7. Le bail à usage strictement professionnel

Le bail à usage strictement professionnel s'adresse aux activités non commerciales, notamment les professions libérales. Il est d'une durée au moins égale à six ans. Au terme du contrat, le bail professionnel est reconduit automatiquement pour la même durée, sauf intervention du bailleur ou du locataire.

• Sachez que la réglementation du bail professionnel est plus souple que celle du bail d'habitation. Le bail professionnel peut être discuté et négocié.

• Vérifiez bien que vous êtes autorisé à apposer votre plaque professionnelle à l'entrée du bâtiment, et non pas uniquement sur la porte d'entrée du local. Ce point est très important dans la mesure où le professionnel qui exerce en libéral dans le secteur de la santé, par exemple, n'a pas le droit de faire de publicité. L'apposition de la plaque professionnelle est donc un moyen de se faire connaître.

• Pour la résiliation du bail strictement professionnel, vous devez respecter un préavis de six mois.

• Vous pouvez sous-louer ou céder votre bail strictement professionnel librement, sauf si une clause l'interdit.

• En cas de vente de l'immeuble, le nouveau propriétaire ne peut vous expulser si vous possédez un bail notarié ou enregistré.

SORT FISCAL DES SOMMES VERSÉES PAR LE PROFESSIONNEL LIBÉRAL

• Vous pouvez déduire les frais de bail du résultat imposable au même titre que les loyers payés.

• La taxe professionnelle est déductible pour un local professionnel, mais en cas de local mixte, la taxe d'habitation n'est pas déductible.

• Vous pouvez amortir sur la durée du bail le droit d'entrée, s'il en a été réclamé un et si le local est donné pour la première fois en location. Dans le cas contraire, tout comme le droit au bail, il constitue une immobilisation non amortissable pour vous.

• Vous pouvez amortir les frais d'acquisition du droit au bail (frais d'acte, enregistrement) dès la première année si le bénéfice le permet et dans les trois années au maximum.

▶ **Bon à savoir** : il est utile d'insérer dans le contrat une clause stipulant que le bailleur, en cas de non-renouvellement du bail, ne doit pas relouer le local à un nouveau locataire exerçant la même profession. Ne pas manquer de souligner également que le bailleur lui-même ne peut se servir du local pour y exercer cette activité.

8. Le bail à usage mixte

Dans la plus grande partie des cas, le libéral doit louer son local. Acheter le droit au bail d'un local où la même activité que la vôtre était exercée vous garantira un espace adapté aux besoins de votre profession.

Le bail à usage mixte

Le bail à usage mixte est un contrat portant sur des locaux dont une partie est destinée à l'usage privé du locataire et l'autre pour l'usage de sa profession. Il est soumis aux mêmes règles que les baux d'habitation. La durée minimale du bail est de trois ans si le bailleur est une personne physique et de six ans si le bailleur est une personne morale.
Quel que soit le motif, le locataire peut résilier le bail mixte à tout moment avec un préavis de trois mois et une lettre avec accusé de réception.

Cas dans lesquels le propriétaire peut refuser le renouvellement du bail

Il existe trois cas dans lesquels le bailleur peut refuser le renouvellement de la location :
• la **vente du logement**. Dans ce cas, le locataire bénéficie du « droit de préférence », c'est-à-dire qu'il est prioritaire s'il souhaite acquérir le bien. Attention, cette préférence n'est toutefois pas valable lorsque la vente se fait entre parents ;
• la **reprise du logement** par le bailleur, son conjoint ou concubin, ses ascendants ou descendants ;
• un **manquement avéré du locataire** à ses obligations.

▶ **Bon à savoir** : le locataire ne peut sous-louer ou céder le bail à usage mixte sans l'accord écrit du bailleur.

9. S'installer en Zone franche urbaine (ZFU)

Les Zones franches urbaines (ZFU) sont des quartiers de plus de 10 000 habitants situés dans des zones dites sensibles ou défavorisées. Ils ont été définis à partir des critères de taux de chômage, de proportion de personnes sorties du système scolaire sans diplôme, de proportion de jeunes, de potentiel fiscal par habitant.
Les entreprises implantées ou devant s'implanter dans ces quartiers bénéficient d'un dispositif complet d'exonérations de charges fiscales et sociales durant cinq ans[1].

L'objectif des zones franches urbaines

Créées par la loi 96-987 du 14 novembre 1996, les zones franches urbaines sont destinées à relancer l'activité économique et à favoriser l'insertion sociale et professionnelle dans les quartiers sensibles. Des avantages fiscaux sont accordés aux entreprises qui s'installent dans ces quartiers et qui emploient au moins un tiers du personnel vivant dans ces zones.

Les entreprises concernées

Les entreprises installées, créées ou qui vont s'implanter sur ces territoires sont concernées par cette mesure. Elles doivent répondre à plusieurs critères :

- compter moins de 50 salariés à plein temps ;
- avoir un chiffre d'affaires hors taxes n'excédant pas 10 millions d'euros ;
- pratiquer une activité commerciale, libérale, artisanale ou industrielle. Cette définition exclut toutefois les secteurs de la construction automobile, de la construction navale, de la fabrication de fibres textiles artificielles ou synthétiques, de la sidérurgie, du transport routier de marchandises ;
- avoir un chiffre d'affaires à l'exportation inférieur à 15 %.

1. Source : Insee, Atlas des zones franches urbaines, http://sig.ville.gouv.fr/Atlas/ZFU

Les avantages fiscaux en question

Le dispositif ZFU permet de bénéficier d'une exonération de charges fiscales et sociales à taux plein pour une période de cinq ans maximum puis à taux dégressif pendant trois à neuf ans, selon la taille de l'entreprise.

Les exonérations portent sur :

- les charges sociales patronales ;
- la taxe professionnelle ;
- l'impôt sur les bénéfices ;
- la taxe foncière et les propriétés bâties.

▶ **A noter** : le libéral doit demander au Régime social des indépendants (RSI) le bénéfice de cette exonération.

10. Acheter son bureau

Acheter ses locaux est un élément de stabilité pour l'entrepreneur. Mais avant de se lancer dans cette aventure, il faut savoir que l'acquisition de locaux demande un investissement financier important. N'oubliez pas que votre priorité en tant que créateur d'entreprise est avant tout d'installer et de développer votre activité. L'achat de locaux vous laissera moins de souplesse et risque d'être handicapant pour votre évolution. Il faut donc bien évaluer votre capacité financière avant de prendre une telle décision. Quelques conseils :

- prenez rendez-vous avec votre banquier pour faire le point sur votre budget ; il vous conseillera sur l'apport que vous pouvez engager, le montant des remboursements mensuels que vous pourrez payer, etc. ;
- pensez également à bien intégrer dans vos calculs tous les frais à court, moyen et long termes ;
- après avoir acquis vos locaux, sachez qu'il vous faudra attendre entre deux et trois mois avant de les investir (il y a en effet un délai obligatoire à respecter entre la promesse de vente et l'achat définitif).

En ayant pris soin de respecter ces règles de précaution, vous saurez ne pas mettre en difficulté votre entreprise et passer à l'achat. Car acquérir des locaux comporte aussi des avantages, notamment celui d'être libre de ses mouvements. Vous pouvez par exemple effectuer des travaux de réfection en toute liberté ou, dans le cas d'un déménagement, louer ou vendre le lieu, opération qui peut vous assurer un revenu.

▶ **Bon à savoir** : certaines activités rendent l'achat de locaux indispensables. C'est le cas des maisons d'hôte par exemple. Acheter le bien dans ce contexte vous permet d'exploiter votre activité dans les meilleures conditions puisque vous gardez entre autres avantages le bénéfice des travaux.

11. Les règles pour aménager un espace de travail chez soi

L'installation d'un espace de travail chez soi ne doit pas être prise à la légère. Afin d'être efficace, il faut savoir vous créer une ambiance agréable et une organisation fonctionnelle. Trois critères sont à prendre en compte en priorité :

- le **calme** ;
- la **luminosité** ;
- l'**installation électrique.**

Où installer votre bureau ?

L'idéal pour installer son bureau est bien entendu une pièce dédiée avec une entrée indépendante pour les clients, collaborateurs... Mais, lorsque l'on possède de petits espaces, cette option n'est pas toujours possible. Il faut donc pouvoir s'adapter et trouver des idées d'aménagement. Vous pouvez mettre votre bureau dans une chambre en posant des étagères et une bibliothèque, tout un mur qui créera un espace que vous pourrez dissocier du reste de la pièce. Vous pouvez aussi « grignoter » sur la salle à manger en posant une cloison mobile, des rideaux ou encore un meuble de séparation. Si ces options s'avèrent impossibles, il faudra alors bien observer votre maison ou votre appartement. Il y a souvent des endroits non exploités, comme les combles ou les espaces sous les escaliers. Cherchez bien !

Quelques critères à prendre en compte

- Les normes pour un bureau de travail doivent être environ de 1,20 m de longueur sur 80 centimètres de largeur. Sachez également que s'équiper d'un ameublement modulable (rallonge, roulettes, éléments encastrables...) permet une meilleure souplesse, surtout dans les petits espaces.
- Faites-en sorte d'avoir vos documents et équipements (fax, photocopieuse...) à portée de main.

• Pensez aussi à l'éclairage. Il est primordial car, s'il est inadapté à votre vue, vous risquez de vous fatiguer rapidement. La lumière naturelle reste de loin le meilleur éclairage. Installez-vous de façon à profiter d'un maximum de lumière. Orientez votre ordinateur perpendiculairement à la fenêtre pour ne pas être gêné par les reflets ; vous pouvez aussi choisir de poser un filtre.
• Si vous n'avez pas la possibilité d'être en contact avec la lumière du jour, installez un éclairage 100 % artificiel combinant une lumière directe faible et une lumière indirecte plus forte.

▶ **Attention** : il faut impérativement éviter les radiateurs. Une distance minimale de 60 centimètres est obligatoire car les ordinateurs supportent mal la chaleur.
Des informations très utiles sur le sujet sont fournies sur le site www.dkomaison.com

12. La reprise de cabinet ou de local : une solution intermédiaire ?

La reprise d'un cabinet déjà constitué peut être une initiative à moindres risques. C'est à première vue une solution de sécurité compte tenu de la conjoncture économique actuelle et qui vous permettra de démarrer rapidement. Cette solution est une bonne idée à condition de bien évaluer la clientèle du cédant et la qualité logistique et juridique du cabinet. Les éléments à prendre en compte sont listés ci-dessous.

La clientèle du cabinet

- La localisation géographique du cabinet.
- La fonctionnalité des locaux professionnels.
- La quantité des clients/patients (ce sont des éléments que vous pouvez demander à consulter).
- L'âge moyen de la clientèle.
- L'ancienneté de la clientèle.
- La réputation du cabinet.
- La recette des trois dernières années.

La qualité du cabinet

- Il s'agit d'abord d'évaluer la qualité du personnel s'il en existe (niveau de qualification, ancienneté, rapport à la clientèle, type de contrat de travail...).
- Il est ensuite recommandé d'apprécier la qualité de l'équipement et de l'aménagement (ancienneté du matériel, type de matériel...).
- Il faut aussi être attentif à l'organisation du cabinet, c'est-à-dire à la tenue des dossiers, l'état de l'archivage, le niveau d'informatisation, etc.
- En dernier lieu, il est utile de se pencher sur l'environnement juridique. Le but est de localiser les risques éventuels d'emprunt, l'existence d'un endettement, la possibilité ou non d'augmenter les honoraires, etc.

▶ **Attention** : le patient/client est libre dans ses choix. Malgré les bénéfices importants et une clientèle de bonne qualité, le patient/client reste libre de poursuivre ou non avec le nouvel acquéreur. Il ne faut donc pas transférer automatiquement des rendez-vous sans en avoir informé les personnes concernées.

▶ **Bon à savoir** : l'élément confiance est primordial dans le transfert d'un cabinet. Le cédant, en avertissant sa clientèle du changement, peut vous recommander auprès d'elle.

13. Partager son bureau

Partager son bureau est de plus en plus répandu dans le milieu des professions indépendantes. En dehors du fait que cela permet de faire des économies, cette « colocation » facilite le contact, permet une entraide et enrichit votre activité.

On l'appelle le *coworking space*. Ce terme anglophone très en vogue signifie « espace communautaire de travail ». Le principe consiste à regrouper des travailleurs indépendants dans un même lieu. C'est bien la notion de partage qui est mise en avant dans cette nouvelle organisation du travail.
A la différence d'un centre d'affaires, l'« espace communautaire de travail » n'est pas un simple partage de loyer ou de connexion Internet. Ce nouveau concept convivial et fédérateur véhicule des valeurs communautaires à travers, notamment, le partage des compétences.

Toutefois, afin que cette expérience se révèle positive, il faut veiller à bien choisir ses prochains partenaires de vie professionnelle en communauté. Quelques conseils :
• assurez-vous que leur profession est compatible avec la vôtre (ne choisissez pas des concepteurs de jeux vidéo si vous êtes par exemple traducteur ou journaliste et que vous avez besoin de vous concentrer sur ce que vous écrivez) ;
• il faut que l'activité des colocataires puisse dans la mesure du possible être complémentaire de la vôtre (un pigiste peut cohabiter avec un photographe, par exemple, car ils peuvent éventuellement être amenés à se conseiller et travailler ensemble) ;
• assurez-vous également que vos personnalités sont compatibles (il y a des profils caractériels et lunatiques que l'on ne détecte pas forcément à la première entrevue) ;
• établissez une charte de vie dès le départ concernant le ménage, la nourriture, la cigarette, le téléphone, le mobilier, les visiteurs, les activités, les chats, etc. Vous vous protégerez ainsi des mauvaises surprises.

▶ **Bon à savoir** : tout comme pour les colocations d'appartement, il y a aussi des sites dédiés à la recherche de bureaux à partager. Voici le lien vers l'un d'eux : www.bureauxapartager.com

14. Constituer un fonds de roulement

En tant que libéral, votre activité consiste à effectuer des prestations dites « intellectuelles » (conseil, services...). Vous devez travailler un certain nombre de jours et faire face à différentes charges avant d'adresser votre facture au client. Il arrive parfois que vous soyez également amené à accorder des délais de règlement. Durant cette période de travail, vous avez besoin d'argent pour faire fonctionner votre activité. Et pour vivre.

C'est la différence entre les encaissements et les décaissements qui constituera votre besoin en fonds de roulement.

Cette masse d'argent immobilisée doit permettre le bon fonctionnement de votre activité. Vous devez considérer ce financement comme un investissement pour le démarrage de votre entreprise au même titre que la location ou l'achat d'un local, ou que l'acquisition d'équipement.

Le calcul du Besoin en fonds de roulement (BFR) doit être fait en fonction des charges courantes que vous avancez régulièrement avant la facturation.
Pour bien les identifier, vous devez évaluer combien vous coûte une journée de travail.

- Vous devez pour cela prendre en compte toutes les charges courantes : électricité, salaire d'un employé, déplacement, hôtel...
- Vous devez ensuite estimer le temps nécessaire à l'exécution de la commande (cela peut se compter en jours ou en heures).
- Il convient également de soustraire les éventuels acomptes versés par vos clients.

Charges courantes – acompte = besoin en fonds de roulement

▶ **Attention** : plus votre activité va progresser, plus le besoin en fonds de roulement va être important. Veiller à le surveiller et le réactualiser le cas échéant.

15. Le Prêt à la création d'entreprise (PCE)

Le Prêt à la création d'entreprise (PCE) est soutenu par le ministère de l'Economie, des Finances et de l'Industrie. Il s'adresse à toutes les entreprises individuelles ou civiles en phase de création et n'ayant pas encore bénéficié de prêt bancaire égal ou supérieur à deux ans. Il est obtenu soit directement par votre banque soit par l'intermédiaire d'un réseau comme Oséo[2], qui vous aide à monter votre dossier.

Ce prêt est destiné à financer la trésorerie de départ ainsi que les investissements immatériels (frais commerciaux, publicité...).

Tous les projets de création peuvent prétendre au PCE. Toutefois, il est important de savoir que ce type de financement accompagne obligatoirement un concours bancaire à plus de deux ans, d'un montant au moins égal à deux fois le montant du PCE.

Les caractéristiques et avantages du PCE :
• le montant du PCE est compris entre 2 000 et 7 000 euros ;
• sa durée est de cinq ans ;
• son taux est identique à celui du prêt bancaire, dans la limite d'un taux plancher publié mensuellement ;
• son remboursement ne commence qu'à partir du sixième mois. Il s'effectue par 54 échéances mensuelles constantes ;
• il est sans caution personnelle ni garantie[3].

▶ **Bon à savoir** : Oséo est une entreprise publique qui soutient les nouveaux entrepreneurs sur trois axes :
• l'aide à l'innovation ;
• la garantie des concours bancaires et des investisseurs en fonds propres ;
• le financement en partenariat.

2. Source : www.pce.oseo.fr
3. *Idem.*

16. Faire marcher son réseau

Dans la création d'entreprise, l'outil réseau est important. Cet outil, afin qu'il se révèle efficace, possède des codes et des valeurs qu'il faut respecter.
Lorsque l'on parle de réseau, on pense essentiellement aux sites professionnels comme Viadeo, Linkedin, Twitter développés dans la fiche 64. Ce sont en effet des leviers essentiels pour la progression de votre entreprise. Mais il est aussi recommandé de penser au réseau que l'on s'est créé tout au long de sa vie : celui des camarades d'école, de l'entourage amical et familial. Tous ces acteurs peuvent vous aider, à condition de savoir bien les identifier et les cibler.
• Pour cela, il est nécessaire de vous poser les bonnes questions : « qu'est-ce qu'untel ou untel peut m'apporter ? », « qu'est-ce que je veux ? », « où vais-je ? »... Attention, ce ne sont pas des considérations personnelles ; nous sommes bien dans un environnement professionnel !
• Utilisez également les salons professionnels, les conférences ; inscrivez-vous dans un réseau particulier (par exemple dans un réseau de femmes si vous êtes une femme entrepreneuse ou dans un cercle de consultants si votre activité est le conseil).
• N'oubliez jamais de soutenir votre réseau en prodiguant des conseils lorsque l'on vous en demande ou par une mise en relation lorsqu'on vous sollicite. Grâce à ces coups de pouce, votre réseau vous rendra l'ascenseur.

Mais il y a des erreurs à ne pas commettre en matière de réseau :
• ne vous plaignez jamais ;
• ne vous montrez pas impatient en relançant trop souvent une personne qui tarde à vous répondre ;
• n'insistez pas lorsque votre interlocuteur n'a visiblement pas de temps à vous accorder ;
• ne vous montrez pas égoïste lorsqu'il s'agira à votre tour de répondre à des sollicitations de votre réseau.

Sachez-le :

- demander de l'aide à son réseau ne veut pas dire « quémander » ou être assisté. Pour vous aider dans cette démarche pas toujours facile à aborder, dissociez votre propre personne de votre activité. Dites-vous que c'est votre *business* que vous vendez et non pas vous.
- de la même façon, si vous n'êtes pas un grand « réseauteur » ce qui est le cas de beaucoup de personnes, donnez-vous pour commencer un objectif d'un contact par semaine.

17. Se renseigner sur les aides existantes

Il existe de nombreuses aides proposées aux créateurs d'entreprise. Il s'agit généralement de prêts à taux nul, de subventions ou d'exonérations fiscales. Pour connaître leur existence, il est nécessaire de s'adresser aux bons interlocuteurs. Vous trouverez ci-dessous une liste complète des informations nécessaires à votre orientation. Elle est fournie par le ministère de l'Economie, des Finances et de l'Industrie. Mais n'oubliez pas que les aides ne viennent qu'en complément de vos apports personnels et d'un éventuel financement bancaire. Ne comptez pas sur cet élément pour financer tout votre projet.

QUELLES AIDES PUBLIQUES SONT PROPOSÉES AUX ENTREPRISES[4] ?

• Le portail pme.gouv.fr recense les principales aides sociales et financières et les outils de financement de la création d'entreprise.
• Le site de l'APCE, Agence pour la création d'entreprise, propose une présentation globale des différents dispositifs publics d'aides aux entreprises, ainsi qu'une page détaillée sur les financements et aides publics et privés. L'APCE propose également une rubrique de prévention et d'alerte sur les difficultés des entreprises.
• Le réseau des chambres de commerce et d'industrie a mis en ligne un site intitulé les-aides.fr, répertoriant les aides existantes par secteur d'activité ou par profil.
• L'Observatoire des aides aux petites entreprises et du développement économique de l'Institut supérieur des métiers présente en ligne un dossier d'information sur la loi du 2 août 2005 en faveur des PME ainsi qu'un dossier sur la réglementation européenne en matière d'aides d'Etat. Il propose également une banque de données complète : le répertoire des aides publiques aux entreprises.
• Le groupe Oséo, qui a pour mission d'accompagner la croissance des entreprises, propose sur son site une rubrique « Aides et financements » ainsi qu'un accès à la base de données Sémaphore, qui recense plus de 5 000 dispositifs publics d'aide aux entreprises. Oséo propose également un prêt à la création d'entreprise.

4. Source : ministère de l'Economie, des Finances et de l'Industrie.

• Le site AppuiPME permet de simplifier et d'orienter la recherche en ligne de fonds d'investissement adaptés au profil de l'entreprise (fonds propres, prêt d'honneur) via *les réseaux agréés et soutenus par la Caisse des dépôts.*
• Le Centre d'information sur la prévention des difficultés des entreprises (CIP), composé d'experts-comptables, de commissaires aux comptes et d'avocats, propose une assistance gratuite et personnalisée en cas de difficulté de gestion de l'entreprise.
• Enfin, le site de l'Ademe, Agence de l'environnement et de la maîtrise de l'énergie, propose un soutien financier aux entreprises prenant en considération les questions liées à l'environnement et à l'énergie dans leurs pratiques quotidiennes de management.

▶ **Bon à savoir** :
• le gouvernement a lancé en octobre 2008 un plan de soutien au financement des PME, avec la mise en place d'un numéro (0 810 00 12 10) destiné à informer les entreprises sur les dispositifs d'aide. Parallèlement, un médiateur du crédit a été chargé de répondre aux difficultés de financement que rencontrent les entreprises ;
• l'Urssaf propose un service dédié à l'accompagnement des entreprises en difficulté, accessible par téléphone (0821 0821 33) ou par courriel.

18. Connaître les différents types de sociétés

Voici un tableau récapitulatif et très complet des différentes sociétés qui existent. Il provient du site l'APCE (Agence pour la création d'entreprise, www.apce.com).

Les différents types de sociétés :
- **EIRL** : entrepreneur individuel à responsabilité limitée ;
- **EURL** : entreprise unipersonnelle à responsabilité limitée (SARL unipersonnelle) ;
- **SARL** : société à responsabilité limitée ;
- **SA** : société anonyme ;
- **SAS** : société par actions simplifiée ;
- **Sasu** : société par actions simplifiée unipersonnelle ;
- **SNC** : société en nom collectif.

Entreprise individuelle	• Elle se compose uniquement de l'entrepreneur individuel (celui-ci peut, bien évidemment, embaucher des salariés). • Il n'y a pas de notion de capital social, l'entreprise et l'entrepreneur ne formant juridiquement qu'une seule et même personne.
EURL	• 1 seul associé (personne physique ou morale à l'exception d'une autre EURL). • Le montant du capital social est librement fixé par l'associé, en fonction de la taille, de l'activité et des besoins en capitaux de la société. • 20 % des apports en espèces sont versés obligatoirement au moment de la constitution, le solde devant être libéré dans les cinq ans.
SARL	• 2 associés minimum, 100 maximum (personnes physiques ou morales). • Le montant du capital social est librement fixé par les associés en fonction de la taille, de l'activité et des besoins en capitaux de la société. • 20 % des apports en espèces sont versés obligatoirement au moment de la constitution, le solde devant être libéré dans les cinq ans.
SA (forme classique)	• 7 associés minimum, pas de maximum (personnes physiques ou morales). • 37 000 euros minimum. • 50 % des apports en espèces sont versés obligatoirement au moment de la constitution, le solde devant être libéré dans les cinq ans.

SAS/SASU	• 1 associé minimum, pas de maximum (personne physique ou morale). • Le capital est librement fixé par les actionnaires, en fonction de la taille, de l'activité et des besoins en capitaux de la société. • 50 % des apports en espèces sont versés obligatoirement au moment de la constitution, le solde devant être libéré dans les cinq ans.
SNC	• 2 associés minimum, pas de maximum (personnes physiques ou morales). • Le montant du capital social est librement fixé par les associés, en fonction de la taille, de l'activité et des besoins en capitaux de la société. • Les apports en espèces sont versés intégralement ou non à la création. • Dans ce dernier cas, le solde peut faire l'objet de versements ultérieurs, sur appel de la gérance, au fur et à mesure des besoins.
Association	• 2 membres minimum, pas de maximum. • Il n'y a pas de capital social. L'association perçoit des cotisations de ses membres si la facturation de ses services et les réserves qu'elle a pu constituer s'avèrent insuffisantes. • Les membres peuvent également effectuer des apports en nature, en industrie ou en espèces, avec une possibilité de récupérer les apports en nature à la dissolution de l'association.

19. Poser une plaque : quelle réglementation ?

La plaque professionnelle est indispensable pour beaucoup de professionnels, notamment pour les professions libérales car, très souvent, c'est leur seul moyen de se faire connaître.

Avant l'exercice de votre activité dans un immeuble, vous devez vous assurer à sa lecture (et avant de le signer) que le règlement de la copropriété ne comporte pas de clause restrictive concernant la pose d'une plaque professionnelle.

Sachez que, lorsque l'exercice de votre profession est autorisé par le règlement de copropriété, l'assemblée des copropriétaires ne peut vous interdire la pose d'une plaque professionnelle dans les parties communes. En effet, certaines juridictions ont estimé que l'installation d'une plaque professionnelle ne nécessitait pas obligatoirement une autorisation de l'assemblée générale dès lors que ladite plaque ne nuit pas à l'esthétique de l'immeuble.

Mais, par mesure de courtoisie et de sécurité, il est préférable de demander une autorisation de l'assemblée générale, qui devra statuer à la majorité.

▶ **Bon à savoir** : s'agissant de l'enseigne, par ses caractéristiques spécifiques (taille, luminosité…), il est obligatoire de solliciter une autorisation de l'assemblée générale. Celle-ci tranchera également à la majorité absolue.

20. Quels objectifs se fixer et comment les atteindre ?

Votre entreprise ne peut pas fonctionner si vous n'avez pas des objectifs précis. Que souhaitez-vous réaliser cette année ? Avoir plus de clients ? Faire un chiffre d'affaires important ? Améliorer votre image de marque en tablant sur la publicité ? Quel que soit votre objectif, vous devez bien le formuler, faire en sorte qu'il soit ambitieux (car cela vous motivera) et réaliste. Si par exemple vous avez un chiffre d'affaires de 5 000 euros par mois, vous ne pouvez pas vous fixer comme but d'atteindre le mois suivant un chiffre d'affaires de 20 000 euros. Les objectifs à se fixer doivent êtres réfléchis et planifiés.

Pour bien faire, rédigez vos objectifs commerciaux et réfléchissez à la méthode qui va vous permettre de les atteindre. Cette mise sur papier de vos objectifs s'assimile à un plan d'action commercial et marketing. Ce plan vous suivra tout au long de votre démarrage d'activité (d'où l'importance de l'établir dès le départ). Il constituera votre carnet de bord, celui qui vous permettra de prendre le recul nécessaire et de développer les idées que vous avez eues à la création de l'entreprise.

Ce document devra aussi contenir ce que vous avez déjà réalisé : argumentaires commerciaux, listings des prospects potentiels, prescripteurs, partenaires... Il devra aussi contenir une mise à jour de vos objectifs. Vous pourrez ainsi surveiller régulièrement si vous êtes en avance ou en retard sur vos ambitions (attention : si vous êtes en avance, cela ne veut pas forcément dire que vous devez ralentir la cadence, car vous pourriez être en retard à d'autres moments à cause de circonstances imprévues). Si, au contraire, vous êtes en retard, cela peut être la conséquence de plusieurs facteurs : soit vous avez surestimé votre objectif, soit vous avez rencontré des difficultés que vous n'aviez pas prévues sur la feuille de route. Dans tous les cas, il faudra revoir votre plan d'action en y intégrant les nouvelles contraintes. Car il faut toujours analyser la situation actuelle avant de se fixer de nouveaux objectifs.

▶ **Bon à savoir** : le plan d'action commerciale et marketing permettra également à vos collaborateurs de vous faire confiance ; grâce à ce document, ils seront régulièrement informés des directions que vous prenez.

21. L'importance du plan de financement

Le plan de financement est très important, car il doit séduire les investisseurs potentiels et les amener à croire en votre projet. Dans cette feuille de route prévisionnelle, il faut lister de façon détaillée, concise et claire les différentes étapes qui vont mener à la concrétisation du projet sur les trois années à venir. Sans ce plan de financement, communément appelé « business plan », votre marge de manœuvre sera restreinte dans le cas où vous souhaitez vous développer. Que faut-il mettre dedans ? La méthode ne change pas. C'est toujours la même chose. Voici le canevas habituel tricoté selon un ordre bien précis.

Les éléments indispensables

Les éléments indispensables qui figurent dans le plan de financement sont :
• la **naissance de l'idée et du projet**. Vous indiquez quelle a été votre source d'inspiration et comment l'idée s'est imposée à vous ;
• la **présentation des autres membres de l'équipe** avec leur parcours professionnel détaillé, leurs réalisations antérieures, leurs qualités et leurs fonctions prévues dans cette nouvelle aventure ;
• la **réalisation d'une étude de marché** solide et sérieuse au niveau national, européen, voire mondial, avec le prix du produit, le prix des concurrents passés au crible (chiffre d'affaires, taille…). Tout ce qui montre que créateur ne rime pas avec doux rêveur ;
• la **valorisation de votre produit ou service** avec des photos, des illustrations, des cartes, des vidéos sur un site Internet ;
• le **développement de vos arguments de vente** sur le plan marketing pour commercialiser le produit en présentant les moyens dont vous avez besoin pour produire en grande quantité ;
• l'**architecture du plan de financement** sur trois ans. En fait, il s'agit de tableaux financiers prévisionnels avec, à gauche, les besoins de financement, et à droite, les ressources financières. Tout doit être prévu en termes de dépenses et de chiffre d'affaires. Vous montrez que votre projet est viable, peut se développer et, en conclusion, vous indiquez le montant du capital demandé à l'investisseur sollicité et le pourcentage de sa participation dans la société.

Les erreurs à ne pas commettre

Bien souvent, les futurs créateurs commettent des erreurs qui faussent le plan de financement. Ils surestiment leurs profits, minorent la concurrence, sont trop optimistes quant au délai de mise au point du produit et surtout n'envisagent qu'une seule hypothèse, un seul scénario.
Votre enthousiasme ne doit pas transformer la réalité.

DÉMARRER

PARTIE II

22. S'inscrire au Centre de formalités des entreprises

Lorsque vous créez, modifiez votre société ou cessez votre activité, vous devez effectuer une déclaration dans un Centre de formalités des entreprises (CFE). Le CFE compétent dépend de la structure juridique et de l'activité exercée.

Si vous avez créé une société commerciale (Société anonyme à responsabilité limitée, voir fiche 27 ; Entreprise unipersonnelle à responsabilité limitée, société anonyme, voir fiche 28), vous devez vous adresser à la chambre de commerce et d'industrie.

Si vous avez constitué une société civile (Société civile immobilière, Société civile de moyens, voir fiche 88 ; société civile professionnelle, voir fiche 89) ou une société d'exercice libéral (SELARL : Société d'exercice libéral à responsabilité limitée ; Selafa : Société d'exercice libéral à forme anonyme ; Selca : Société d'exercice libéral en commandite par actions, voir fiche 90 pour les trois) vous dépendez du greffe de tribunal de commerce.

Si vous êtes membre d'une profession libérale réglementée ou assimilée, exercée individuellement, vous devez solliciter l'Urssaf.

Enfin, pour les cas particuliers comme les artistes, vous devez contacter le centre des impôts.

Chaque CFE centralise, contrôle et transmet les documents aux différents organismes. Dans un premier temps, vous retirez un dossier d'immatriculation contenant tous les formulaires réglementaires et les pièces justificatives. Lorsque vous le déposez, le Centre de formalités des entreprises vérifie qu'il est complet. Si c'est le cas, il vous délivre immédiatement un Récépissé de dépôt de dossier de création d'entreprise (RDDCE) et votre numéro de Siret (Système d'identification du répertoire des établissements), un identifiant de 14 chiffres attribué par l'Insee.

Grâce au Centre de formalités des entreprises, toutes vos formalités administratives, juridiques et fiscales sont simplifiées avec un seul dossier en un même lieu.

23. Adhérer à un centre de gestion agréé

Toute entreprise industrielle, commerciale, artisanale et agricole de petite taille qui paye l'impôt sur le revenu ou sur les sociétés peut adhérer à un centre de gestion agréé. Cette adhésion n'est pas obligatoire mais fortement conseillée car elle facilite le quotidien de l'entrepreneur et apporte des avantages fiscaux sous certaines conditions.

Le Centre de gestion agréé (CGA) assure trois missions :
• une surveillance de la gestion (prévention des risques) ;
• une assistance technique en fiscalité (examen de la cohérence dans les déclarations fiscales puis remise d'un compte rendu transmis au service des impôts) ;
• une mise en place de sessions d'informations.

Les adhérents s'engagent :
• à fournir tous les éléments nécessaires pour établir une comptabilité conforme à la réalité ;
• à communiquer au CGA le bilan et le compte de résultats ;
• à porter sur tous les documents la mention « acceptant le règlement des sommes dues par chèques libellés à mon nom en ma qualité de membre d'un centre de gestion agréé par l'administration fiscale » ;
• à autoriser le centre de gestion agréé à transmettre à l'administration fiscale les documents comptables de la société ainsi que le dossier de gestion qu'il a conçu.

Les avantages fiscaux sont nombreux et intéressants si vous payez l'impôt sur le revenu sous un régime réel d'imposition.

• Pas de majoration de 25 % sur le bénéfice imposable si vous avez adhéré toute l'année (ou dans un délai de cinq mois après le démarrage de votre activité), contrairement aux non-adhérents.

▶ Le saviez-vous ?

• Depuis le 1er janvier 2010, il est possible aux non-adhérents d'éviter cette majoration s'ils font appel à un expert-comptable, une société d'expertise comptable ou une association de gestion et de comptabilité ayant signé une convention avec l'administration fiscale.

• 915 euros de réduction d'impôt pour frais de comptabilité et d'adhésion à condition d'avoir réalisé en 2011 un chiffre d'affaires hors taxes dans les limites de la microentreprise (81 500 euros hors taxes pour les ventes de biens et 32 600 euros hors taxes pour les prestations de services).

• Un contrôle fiscal réduit à deux années au lieu de trois sur les bénéfices et la TVA à condition que le centre de gestion ait communiqué le compte rendu des déclarations fiscales aux impôts.

24. L'auto-entrepreunariat

Tout le monde peut devenir auto-entrepreneur, qu'il soit retraité, étudiant, demandeur d'emploi (indemnisé ou non), salarié du privé ou fonctionnaire (avec l'accord de sa hiérarchie), à condition d'être faiblement imposé, car ce statut permet de bénéficier du prélèvement à la source de l'impôt sur le revenu.
Pour s'inscrire, il suffit de cliquer sur le site www.lautoentrepreneur.fr ou celui du Centre de formalités des entreprises de l'Urssaf dont dépendent les activités libérales : www.cfe.urssaf.fr. Vous indiquez votre identité, votre statut actuel en le justifiant, vous choisissez la nature de l'activité à partir du code APE (Activité principale exercée), et si vous optez ou non pour le prélèvement libératoire de votre impôt sur le revenu. Vous n'avez plus qu'à attendre le numéro de Siret (Système d'identification du répertoire des établissements) pour démarrer légalement votre activité.

Si vous ne gagnez rien pendant deux ans ou si, au contraire, vous déclarez trop dès la première année, vous perdrez le statut d'auto-entrepreneur, l'aide aux chômeurs créateurs d'entreprise pour ceux qui en bénéficiaient, et vous devenez imposable sur la TVA.
Comme vous bénéficiez du régime fiscal de la microentreprise, en tant que professionnel, votre chiffre d'affaires hors taxes en 2012 ne doit pas dépasser pour des prestations de services 33 300 euros majorés de 2 000 euros, soit 35 300 euros maximum.
Vous êtes affilié à la Sécurité sociale, vous validez des trimestres pour votre retraite et bénéficiez d'une couverture assurance maladie dès le premier euro encaissé.

Tous les mois ou tous les trimestres (selon ce que vous avez choisi lors de l'inscription), vous devez régler vos cotisations sociales, soit 18,3 % du chiffre d'affaires pour les activités libérales relevant du régime social indépendant ou 21,3 % pour celles qui dépendent de la Caisse interprofessionnelle de prévoyance et d'assurance vieillesse. Pas de cotisations à verser lorsque vous n'avez rien gagné.

Il n'y a ni TVA ni taxe professionnelle (exonération pendant trois ans pour ceux qui ne bénéficient pas du prélèvement libératoire) ni d'impôt sur les sociétés à payer.

Vous devez souscrire une assurance professionnelle et respecter la réglementation (hygiène, sécurité, protection du consommateur).

▶ **Notre conseil** : soyez vigilant en rendant votre patrimoine foncier insaisissable. Il suffit d'établir un acte notarié (moyennant 500 euros environ) transmis à la conservation des hypothèques.

25. L'entreprise individuelle

Lorsque vous exercez une activité libérale, il suffit d'une simple déclaration à l'Urssaf pour créer une entreprise individuelle.

Constituer une entreprise individuelle

Il n'y a pas besoin de capital pour constituer une entreprise individuelle. En fonction des investissements et du Besoin en fonds de roulement prévisionnel (BFR), vous déposerez de l'argent sur votre compte bancaire. Vous disposez des pleins pouvoirs et prenez seul les décisions. Au niveau de la gestion, vous n'avez pas de compte à rendre ni besoin de publier vos comptes annuels. Il faut juste enregistrer vos recettes au jour le jour sur un cahier. Mais cette liberté totale a un prix.

Ce qu'il faut savoir

En cas de dettes professionnelles, vous êtes totalement et indéfiniment responsable sur l'ensemble de votre patrimoine personnel. Pensez à faire une déclaration d'insaisissabilité des biens fonciers personnels devant notaire, qui sera transmise au service de conservation des hypothèques et publiée dans un journal d'annonces légales de votre département. En revanche, votre banquier peut demander à mettre un bien personnel en garantie d'un prêt.

Le régime fiscal

Au niveau régime fiscal, vous n'êtes pas soumis à l'impôt sur les sociétés. Vous êtes même exonéré de la TVA. Vous payez l'impôt sur le revenu sur les Bénéfices non commerciaux (BNC). Pas de souci à vous faire lorsque vous remplirez la déclaration fiscale, car elle est simplifiée à l'extrême.
Si vous avez opté pour le statut de microentrepreneur, vous bénéficiez comme l'auto-entrepreneur (voir fiche 24) du régime microsocial

à condition que vos revenus en 2012 ne dépassent pas 33 300 euros hors taxes pour des prestations de services.
Dans ce cas de figure, vous paierez vos impôts et vos cotisations sociales tous les mois ou tous les trimestres, suivant le chiffre d'affaires déclaré et les bénéfices.
Si vos bénéfices restent modestes, l'impôt sur le revenu est plus avantageux que l'impôt sur les sociétés. En revanche, si vos affaires se développent rapidement, vous risquez de vous retrouver dans les tranches les plus élevées de l'impôt sur le revenu, beaucoup moins avantageux que l'impôt sur les sociétés.

Le régime social

Concernant le régime social, vous bénéficiez du régime des travailleurs non salariés, ce qui ne vous donne pas droit à être indemnisé par les Assedic. Il est donc conseillé de souscrire une assurance personnelle. En revanche, vous bénéficiez du régime travailleur indépendant pour la maladie et dépendez du Cipav (Caisse interprofessionnelle de prévoyance et d'assurance vieillesse pour la retraite). A vous de cotiser à des régimes complémentaires pour l'assurance vieillesse, l'invalidité-décès et la retraite complémentaire, dont les prestations seront moins étendues que dans le régime général de la Sécurité sociale.

Les inconvénients

L'entreprise individuelle comporte des inconvénients. Si vous vous développez trop rapidement, vous ne pourrez pas solliciter des partenaires. Vous restez bloqué avec votre patrimoine, qui est le patrimoine de l'entreprise, ce qui fragilise vos relations avec les clients, les fournisseurs ou les banquiers. En conclusion : choisissez de créer une entreprise individuelle si votre activité est peu risquée avec des investissements très limités.

26. L'Entreprise individuelle à responsabilité limitée (EIRL)

Auto-entrepreneurs ou entrepreneurs individuels, vous pouvez choisir ce nouveau statut. Avec l'EIRL, vous sauvegardez votre patrimoine personnel (finie la ruine personnelle et familiale) et n'engagez que votre patrimoine professionnel en cas de faillite. Ce patrimoine, appelé « patrimoine d'affectation », concerne tous les biens indispensables à l'activité (fonds de commerce, droit de présentation d'une clientèle, droit au bail, matériel, installations, équipements).

▶ **Le saviez-vous ?** Hors liquidités, tous les biens d'une valeur supérieure à 30 000 euros doivent être évalués par un notaire pour un bien immobilier et par un commissaire aux comptes ou un expert-comptable pour tout autre bien.
Vous déclarez votre patrimoine d'affectation au Centre de formalités des entreprises (CFE), qui le transmettra au greffe du tribunal de commerce. Il vous en coûtera 55,97 euros.

Vos obligations

Sur tous les documents commerciaux, vous devez indiquer le nom de l'entreprise avec la mention « *entrepreneur individuel à responsabilité limitée* » ou le sigle « EIRL ». Attention : si votre EIRL a plusieurs patrimoines affectés, vous devrez à compter du 1er janvier 2013 indiquer un nom différent pour chaque patrimoine. Vous devez tenir une comptabilité autonome et chaque année déposer vos comptes (7,77 euros de frais) au greffe du tribunal de commerce.

Fiscalement

- Vous payez l'impôt sur le revenu dans la catégorie des Bénéfices non commerciaux (BNC). A noter que vous pouvez choisir l'impôt sur les sociétés, mais c'est irréversible.
- Vous relevez du régime social des travailleurs non salariés. Le calcul des cotisations sociales dépend de l'impôt sur les bénéfices dont relève l'EIRL.

• Si vous payez l'impôt sur le revenu, les cotisations sont calculées sur le bénéfice imposable de l'entreprise, y compris votre rémunération.
• Si vous avez opté pour l'impôt sur les sociétés, les cotisations sociales sont calculées sur votre rémunération nette. Nous vous conseillons de souscrire une assurance personnelle, car vous ne pourrez percevoir d'allocations chômage et de cotiser à un régime complémentaire d'assurance vieillesse, d'invalidité-décès et de retraite complémentaire.

QUE SE PASSE-T-IL EN CAS DE CESSION DE L'EIRL ?

Lorsque vous cédez l'intégralité du patrimoine d'affectation à une personne physique, l'acheteur le reprend.
Si, en revanche, vous cédez l'entreprise à une personne morale, vous transmettez le patrimoine d'affectation, mais l'affectation cesse.
Vous pouvez également transmettre séparément les biens du patrimoine d'affectation (fonds de commerce, droit au bail...) suivant les règles applicables pour chaque bien.

27. La Société anonyme à responsabilité limitée (SARL)

La SARL est la forme de société la plus répandue car idéale pour les petits projets. Deux associés (et jusqu'à 100), qu'ils soient personnes physiques ou morales, suffisent pour constituer une SARL, qualifiée de société « passe-partout ».
Pas de montant minimal en termes de capital, qui dépend de la taille de la société et de l'activité. Les apports (20 % minimum lors de la constitution) se font en numéraire (espèces ou chèque) ou en nature. Vous pouvez opter pour un capital variable, qui sera compris entre un minimum et un maximum fixé par les statuts. C'est le moyen idéal pour augmenter ou diminuer ce capital sans formalité particulière. Dans tous les cas de figure, chaque associé est responsable des dettes de la société à hauteur de l'apport.

Comment fonctionne-t-elle ?

Les associés nomment dans les statuts ou un acte séparé un ou plusieurs gérants (des personnes physiques pénalement et civilement responsables) pour diriger la société.

▶ **Attention** : il faut fixer précisément dans les statuts les limites des gérants. Sans cela, ils ont tout pouvoir pour agir au nom et pour le compte de la société.
Au minimum une fois par an, les associés doivent se réunir en Assemblée générale ordinaire (AGO) pour approuver les comptes à la majorité simple (50 % + 1 voix).
En revanche, toutes les décisions concernant les modifications des statuts se prennent en Assemblée générale extraordinaire (AGE) au *quorum* ou à la majorité des deux tiers des voix.

Quel est le régime fiscal de la société ?

La SARL est soumise à l'impôt sur les sociétés (33,33 % ou 15 % pour les petites entreprises), mais il est possible de choisir l'impôt sur le revenu dans un cadre défini par la loi.

Dans quelles conditions payer l'impôt sur le revenu ?

Si votre SARL a moins de 5 ans, est non cotée en Bourse, emploie au maximum 49 salariés, réalise un chiffre d'affaires annuel inférieur à 10 millions d'euros, les droits de vote sont détenus au moins à 50 % par des personnes physiques et à hauteur de 34 % par les dirigeants de l'entreprise : vous pouvez, avec l'accord de tous les associés, choisir l'impôt sur le revenu pendant cinq ans.

Quel est le régime social des gérants ?

Les gérants majoritaires dépendent du régime des Travailleurs non salariés (TNS) et les minoritaires/égalitaires relèvent du régime social des assimilés salariés (Sécurité sociale et retraite des salariés).

Quel est le régime fiscal des gérants ?

Tous les gérants relèvent du même régime fiscal que les salariés et sont soumis à l'impôt sur le revenu.

Comment céder les parts ?

Tout dépend des statuts. En règle générale, il faut obtenir l'approbation de la majorité des associés (détenant au moins 50 % des parts) pour céder ses parts à une personne étrangère à la société. Le vendeur paiera alors un impôt sur les plus-values. En revanche, vous pouvez librement céder vos parts entre conjoints, ascendants et descendants. Certains, plus vigilants, préfèrent fixer dans les statuts les mêmes règles que pour les tiers étrangers.

28. La Société anonyme (SA)

La société anonyme est une société de capitaux qui peut regrouper des personnes ne se connaissant pas, d'où son nom. Cette société a un mode de fonctionnement assez lourd et s'adresse aux associés qui ont des moyens importants. En contrepartie, elle assure une forte crédibilité à l'égard des partenaires : banquiers, clients ou fournisseurs.

Comment la constituer ?

Il faut au minimum 7 associés (personnes physiques ou morales) et disposer d'un capital de 37 000 euros avec 50 % versés au moment de la constitution. Chaque associé sera responsable des dettes de la société à hauteur de l'apport.

Comment fonctionne-t-elle ?

La plupart du temps, la SA est dirigée par un conseil d'administration (de 3 à 18 membres) qui a désigné un président-directeur général et un directeur général pénalement et civilement responsables. Au minimum une fois par an, les actionnaires se réunissent en Assemblée générale ordinaire (AGO) pour approuver les comptes à la majorité des voix (50 % + 1 voix). Toute modification des statuts se prend en Assemblée générale extraordinaire (AGE) à la majorité des deux tiers des voix. Parfois, la société est dirigée par un directoire et un conseil de surveillance mais, dans tous les cas, vous êtes obligé de désigner un commissaire aux comptes qui veillera aux intérêts des actionnaires.

Quel est le régime fiscal de la société ?

En créant une SA, vous paierez l'impôt sur les sociétés (33,33 % ou 15 % pour les entreprises plus petites) avec la possibilité d'opter pour l'impôt sur le revenu si vous remplissez des conditions précises (voir fiche 27, la SARL).

Quel est le régime fiscal des dirigeants ?

Le président et le directeur général sont imposés sur leurs rémunérations et les dividendes distribués.

Quel est le régime social des dirigeants ?

Ils relèvent du régime des « assimilés salariés » et bénéficient de la Sécurité sociale et la retraite des salariés. Les administrateurs qui ne sont pas rémunérés ne bénéficient ni du régime des salariés ni de celui des travailleurs non salariés. Quel que soit le statut du président, il peut être révoqué sans préavis et sans indemnité par le conseil d'administration.

Comment céder les parts ?

C'est d'une grande souplesse, car totalement libre, à moins d'avoir prévu une clause d'agrément dans les statuts. Le vendeur sera imposé sur la plus-value et l'acquéreur devra s'acquitter de 3 % de droit d'enregistrement jusqu'à 5 000 euros.

29. Souscrire une assurance

Souscrire une assurance est indispensable pour protéger votre activité, vos biens et votre personne. Pour votre entreprise, vous devez souscrire une assurance multirisque professionnelle qui doit comporter de nombreuses garanties afin de couvrir les cas de figure les plus larges possible et, à titre personnel, vous devez prendre une assurance maladie.

L'assurance multirisque professionnelle

En souscrivant l'assurance multirisque professionnelle, il est recommandé de choisir des garanties complémentaires : responsabilité civile entreprise, assurance auto-professionnelle, assurance locaux professionnels, assurance professionnelle informatique, assurance perte d'exploitation, protection juridique professionnelle.

• L'**assurance responsabilité civile entreprise** couvre tous les dommages causés à des patients, des clients ou des biens par vos locaux, votre matériel, vos collaborateurs ou vous-même. Elle répare les dommages matériels, immatériels ou corporels causés à des tiers (personnes ou entreprises). Le montant des garanties peut être limité à un certain plafond par dommage et par an avec la mise en place d'une franchise. Dans l'assurance responsabilité civile entreprise, il existe une déclinaison de garanties avec la responsabilité civile exploitation, qui couvre les biens, les personnes et les prestations de votre entreprise responsable, et la responsabilité civile après livraison ou travaux, qui prend en charge le produit ou des travaux mal exécutés.

• L'**assurance auto-professionnelle** couvre l'ensemble de vos véhicules utilisés lors de chaque intervention chez le client.

• L'**assurance locaux professionnels** protège les locaux de l'entreprise contre les sinistres : incendie, dégât des eaux, explosion, tempête, grêle, vol, bris de glace, etc.

• L'**assurance professionnelle informatique** permet le remplacement et la réparation du matériel et des données informatiques en cas de sinistre.

• L'**assurance perte d'exploitation** vous fait bénéficier de garanties financières après un sinistre avec le versement d'une indemnité le temps de retrouver une production normale.
• La **protection juridique professionnelle** permet de faire face aux différents litiges avec un tiers devant les tribunaux en bénéficiant d'une information juridique, d'une défense lors de procédures à l'amiable ou judiciaire, et d'une prise en charge des frais.

L'assurance maladie

A titre personnel, il peut être souhaitable de souscrire une assurance maladie et maternité complémentaire. N'hésitez pas à contacter le Centre de formalités des entreprises, qui possède une liste de groupements d'associations d'assurance encaissant les cotisations, dont le montant dépend de vos revenus professionnels.

▶ **Bon à savoir** : il existe une complémentaire santé entreprise qui permet de bénéficier de 10 % de réduction fiscale sur le bénéfice du revenu imposable (loi Madelin).

30. S'inscrire sur les Pages jaunes

S'inscrire sur les Pages jaunes gratuitement (mais pas pour tout le monde) se fait de deux façons différentes. Soit vous surfez sur le site Internet, soit vous appelez le Centre relation client.

S'inscrire sur Internet

Pour s'inscrire sur Internet, cliquez sur le site www.pagesjaunes.fr. Rendez-vous à la rubrique « Foire aux questions » et glissez la souris sur un chapitre intitulé « Comment s'inscrire dans les annuaires ? », puis sur un sous-titre qui indique « Vous êtes un professionnel », où on peut lire le texte suivant : *« Pour inscrire vos coordonnées dans les annuaires et au service de renseignements téléphoniques Pages jaunes, complétez ce formulaire* [cliquez sur le mot formulaire, NDLR] *ou contactez notre Centre relation client au 0810 810 767 (n° azur prix d'un appel local). »*
En cliquant sur le formulaire, vous créez vos données (nom, coordonnées, rubrique d'activité) et votre message. Vous indiquez votre mail, votre numéro de Siret, votre secteur d'activité, votre raison sociale, votre adresse, votre téléphone, votre fax, et c'est fini.
Vous pensez être référencé gratuitement, mais un *nota bene* précise : *« La décision de faire paraître les coordonnées d'un professionnel dans les supports Pages jaunes appartient exclusivement à Pages jaunes. »* Le Centre relation client est susceptible de vous appeler pour vous demander éventuellement des justificatifs.
Il faut attendre en moyenne trois à quatre semaines avant de figurer dans les Pages jaunes.

S'inscrire par téléphone

Si vous contactez le Centre relation client, vous apprenez que la gratuité dépend de l'activité exercée. Certaines activités professionnelles rendent l'inscription payante. Avec un conseiller, vous obtenez la confirmation (le site Internet le laissait entendre) qu'il faut payer pour faire apparaître votre logo et créer un lien vers votre

site Internet. Si 4 millions de professionnels à la recherche d'une meilleure visibilité et de nouveaux clients sont inscrits sur les Pages jaunes, aujourd'hui, de jeunes créateurs d'entreprise préfèrent se faire référencer dans un moteur de recherche pour apparaître immédiatement aux yeux de milliers d'internautes.
A vous de juger ce qui est le mieux.

31. S'équiper en informatique

S'équiper en informatique est indispensable si vous souhaitez assurer la pérennité de votre entreprise. Il va falloir choisir l'équipement le mieux adapté à votre activité, l'acheter et en assurer la maintenance, ou encore le louer et le sécuriser, ce qui va générer un investissement financier.

Choisir votre équipement informatique

Avant de choisir votre équipement, vous devrez d'abord vous poser la question récurrente : « Mac ou PC ? » Le choix se fera en fonction de la compatibilité avec les logiciels professionnels et de la puissance des machines (version du système d'exploitation, capacité du processeur, de la mémoire Ram, du disque dur...). Choisissez du matériel (serveurs, stations de travail, périphériques) et des logiciels qui permettent de partager les données entre toutes les machines de l'entreprise.

Acheter ou louer votre équipement

Acheter ou louer votre équipement ne génère pas le même investissement financier. Si vous exercez une activité intellectuelle ou de service, il faut quasiment compter un ordinateur par poste de travail à l'achat. Si le montant de l'investissement vous paraît trop élevé, il y a toujours la possibilité de louer un parc informatique, mais faites votre calcul sur deux ou trois ans, ce qui représente bien souvent la durée minimale de location. Il faut compter entre 40 et 100 euros par mois pour louer un simple PC hors logiciels et 40 euros pour une imprimante de base. L'avantage, c'est que vous êtes dispensé de la maintenance, qui reste à la charge du loueur. En revanche, vous ne pourrez pas faire l'économie d'investir dans la sécurité informatique avec des systèmes de protection pour limiter les intrusions (pare-feu), la corruption des informations (antivirus, antispyware), et de sauvegarde des données (disque dur portable, clé USB...).

Acheter ou externaliser votre serveur

Si vous ne souhaitez pas acheter votre serveur de données, vous avez la possibilité de confier à une société extérieure le soin d'en assurer la prise en charge. Toutes les informations de votre entreprise, tous les logiciels bureautiques ou professionnels sont conservés, protégés et mis à disposition par ce prestataire. Le personnel de votre entreprise se connecte, *via* un réseau sécurisé, au serveur du prestataire pour accéder aux données informatiques. Ce service coûte en moyenne une centaine d'euros par mois.

32. Aménager de façon agréable et fonctionnelle son lieu de travail

Aménager de façon agréable et fonctionnelle son lieu de travail favorise le sentiment de bien-être. En améliorant le confort de tous, vous améliorez la motivation des salariés, qui ont le sentiment de vivre dans un meilleur environnement de travail.

Aménager de façon agréable son lieu de travail

Aménager de façon agréable son lieu de travail, c'est faire oublier aux salariés qu'ils sont venus travailler. Comme la plupart d'entre eux, les administratifs passent la plupart de leur temps assis derrière un écran d'ordinateur. Prévoyez des fauteuils confortables avec repose-tête et repose-pieds. Choisissez un mobilier de bureau adaptable, qui se déplace facilement, avec pour les créatifs de grandes tables – tables d'architecte –, dont le plateau surélevé permet de travailler debout tout en s'accoudant facilement. Laissez tomber les vieux néons agressifs pour un éclairage évolutif suivant la luminosité extérieure. Utilisez de belles moquettes pour lutter contre les nuisances sonores, le tout agrémenté de couleurs chaudes, de plantes vertes grimpantes et de peintures discrètes ou de sculptures originales.

Aménager de façon fonctionnelle son lieu de travail

Aménager de façon fonctionnelle son lieu de travail, c'est adapter son espace à son style d'activité et de management. Installez un *open space* ; une alternance de salles de réunion et de boxes individuels de travail nouvelle génération qui marie un territoire pour chacun et un espace commun afin que vos salariés puissent travailler en équipe sans les inconvénients de la promiscuité.

33. Faire appel à un comptable

Faire appel à un comptable est indispensable devant la complexité des législations et l'étendue des informations à connaître. Peu de professionnels libéraux peuvent s'improviser comptables ou experts-comptables. C'est surtout le meilleur moyen d'éviter un redressement fiscal et un risque pénal en publiant des comptes inexacts. A partir du moment où vous faites appel à un comptable indépendant, il doit être inscrit au tableau de l'ordre des experts-comptables. Cela vous coûtera en moyenne entre 200 et 400 euros par mois.

Comment choisir son comptable ?

Pour choisir un comptable, il faut s'adresser à l'ordre des experts-comptables ou à l'APCE. L'Agence pour la création d'entreprise vous permet de publier gratuitement une annonce en ligne en cliquant à l'adresse suivante : www.apce.com/pid6104/trouver-un-expert-comptable.html. Des cabinets d'expertise comptable, abonnés au service, vous transmettront un devis personnalisé. Vous pourrez échanger et choisir selon vos besoins et votre budget. Vous pouvez également cliquer sur l'annuaire des experts-comptables à partir de leur site, www.experts-comptables.fr, puis faire jouer le bouche à oreille dans votre région. N'hésitez pas à en rencontrer plusieurs, car c'est avant tout la relation de confiance qui doit primer. Bien sûr, le montant des honoraires aura une incidence sur votre choix. Ils sont libres et se calculent en fonction de la charge de travail, de la responsabilité et de la complexité de la mission de l'expert-comptable. Dès le premier entretien, établissez un accord sur les droits et les devoirs de chacun.

▶ **Le saviez-vous ?** La signature d'une lettre de mission, qui fixe les prestations, la rémunération et le préavis pour révoquer l'expert-comptable, est obligatoire.

Les missions du comptable

Les missions du comptable ou de l'expert-comptable sont très larges.
Sur le plan comptable d'abord, il met en place une comptabilité générale ou analytique dont il assure la surveillance ; il présente et atteste les comptes annuels ; il prépare les déclarations fiscales (impôt sur les sociétés, TVA, charges sociales, taxes professionnelles) ; il procède au calcul du prix de revient et au seuil de rentabilité.
Mais il a surtout un rôle de conseil concernant le choix d'une embauche, d'un investissement, d'un financement, d'une structure juridique, d'une politique de rémunération et un rôle d'audit lors de la prise de participation ou de rachat d'une entreprise.
Le comptable, ou l'expert-comptable, doit être à votre écoute pour améliorer la vie de votre entreprise.

34. Tenir sa trésorerie seul

Il est possible de tenir sa trésorerie seul si vous avez créé une petite structure : auto-entreprenariat, entreprise individuelle ou SARL de famille avec peu de mouvements de fonds. C'est une aventure qui nécessite du temps et parfois une « formation » accélérée accessible sur Internet.

Se former à la comptabilité

Il existe un très bon site Internet, www.formation-logiciel-comptabilité.fr, qui offre une formation à la comptabilité et qui propose un logiciel comptable gratuit adapté aux auto-entrepreneurs et microentreprises. Vous apprendrez la comptabilité sans TVA ou avec TVA, à établir et lire (ce qu'on appelle la « partie double ») un bilan et un compte de résultat et à déterminer votre régime fiscal. Grâce au logiciel, vous pourrez suivre votre trésorerie et vous livrer à une gestion analytique de votre activité. Si vous n'avez pas confiance dans la saisie informatique de vos données comptables, vous pouvez toujours utiliser un tableau ou un cahier sur lequel vous noterez chaque semaine les dépenses et les recettes.

L'avantage de tenir sa trésorerie seul

Si vous êtes en phase de démarrage avec quelques dépenses et peu de rentrées d'argent, il est avantageux de tenir seul votre trésorerie, car vous économisez les honoraires d'un comptable ou d'un expert-comptable. Il est possible d'établir seul, au début, un bilan comptable simplifié à condition d'être rigoureux, attentif, et d'apprendre très vite. En cas de doute, sollicitez à titre gracieux une personne compétente dans votre entourage.

L'inconvénient de tenir sa trésorerie seul

Tenir seul sa trésorerie peut être un « mange-temps » risqué et se transformer en inconvénient. Au fur et à mesure que votre entreprise se développe, les mouvements d'argent se multiplient et la comptabilité devient de plus en plus complexe à assimiler. Le cahier du début aura été remplacé par un logiciel avec tableaux et vous devrez passer votre temps, parfois de façon répétitive et au détriment de votre activité principale, à saisir les données dans les bonnes colonnes et les bonnes rubriques. Sachez que des déclarations erronées engagent votre responsabilité et peuvent fragiliser votre entreprise.

35. Comment définir un prix de prestation ?

Pour définir un prix de prestation, vous devez déterminer le juste équilibre entre la valeur de vos compétences et l'intérêt retiré par le client. Quatre critères essentiels entrent en ligne de compte : les moyens à déployer, le temps à investir, la négociation, le mode de facturation.

Les moyens à déployer

Pour réaliser une prestation, qu'elle soit technique ou intellectuelle (comme le conseil), vous devez déployer des moyens, une logistique qui a un prix. Vous allez utiliser des outils professionnels, du matériel informatique, des logiciels, une imprimante, votre téléphone, votre voiture pour des rendez-vous, et parfois même solliciter une secrétaire ou un collaborateur que vous salariez.

Le temps à investir

Vous devez estimer le temps qu'il est nécessaire d'investir pour mener à bien votre mission. Décomposez étape par étape les actions de votre intervention et détaillez-les dans un cahier des charges. Il est temps de fixer une première base de prix incluant la logistique, votre salaire net multiplié par deux avec le paiement des charges sociales, et pourquoi pas un bénéfice.

La négociation

Une fois que vous avez fixé la part de la logistique, du temps, des charges, et de la rémunération, il est temps de négocier le prix que vous proposez et voulez obtenir, car votre expérience et votre savoir-faire ont un coût. Néanmoins, vous devez tenir compte des prix des concurrents et de l'enveloppe budgétaire du client. Si votre prix paraît trop élevé pour le client, acceptez une remise contre l'engagement de prestations à venir.

Le mode de facturation

Le mode de facturation a également une incidence sur le prix de la prestation. Soit vous demandez des honoraires selon un taux journalier ou horaire pour une prestation de courte durée, soit vous acceptez d'être rétribué au forfait (peu importe le temps passé, alors négociez bien avant) soit vous êtes payé au résultat lorsque les objectifs préalablement définis sont atteints. Dans le conseil, il est de plus en plus courant d'associer ces trois modes de facturation.

36. Réaliser des devis précis mais ouverts

En tant que professionnel libéral, réaliser des devis précis mais ouverts est à la fois un gage de crédibilité envers le client mais aussi le signe que vous laissez une part de négociation s'installer.
Selon l'article 3 de l'arrêté du 2 mars 1990 modifié par l'arrêté du 30 juillet 1999, réaliser un devis est obligatoire en matière de prestations de services lorsque le montant dépasse 150 euros. Un bon devis est donc un devis qui porte les mentions obligatoires et des mentions supplémentaires conseillées.

Les mentions obligatoires

Même si votre devis permet d'être ouvert pour une négociation, il doit être le plus précis possible. Le meilleur moyen étant d'y faire figurer les mentions obligatoires suivantes :

- la mention devis ou proposition de prix ;
- la date de rédaction ;
- le nom, l'adresse et la raison sociale de votre entreprise ;
- le nom du client et le lieu d'exécution de la prestation ;
- le décompte détaillé en quantité et en prix (taux horaire, de main-d'œuvre…) de chaque prestation et produits nécessaires ;
- les frais de déplacement ;
- la somme globale à payer hors taxes et avec la TVA ;
- les conditions de livraison ou de réalisation ;
- la durée de validité du devis ;
- l'indication du caractère payant (uniquement avec l'accord du client si vous êtes amené à vous déplacer) ou gratuit ;
- la mention de l'indication à dater et signer par le client ;
- la mention « devis reçu avant exécution des travaux » ou de la prestation datée et signée par le client.

▶ **Attention** : si ces mentions font défaut, le client peut saisir la Direction départementale de la concurrence, de la consommation et de la répression des fraudes et vous risquez une amende.
Vous établirez votre devis en trois exemplaires : un pour vous et deux pour le client, qui en retournera un pour donner son accord. Le devis devient alors un contrat qui engage les deux parties.

Les mentions supplémentaires conseillées

N'oubliez pas que le client va comparer vos prix avec vos concurrents. Pour décrocher le contrat, proposez un devis ouvert avec plusieurs options chiffrées et ajoutez des mentions supplémentaires qui vont rassurer le client. Indiquez par exemple :

- la méthode de calcul pour évaluer le temps de réalisation de la prestation ;
- la date limite prévue sous peine de pénalités de retard par jour dépassé.

37. Etablir des factures

Etablir des factures est un acte obligatoire entre professionnels. Elles servent de preuve pour un travail ou une prestation réalisée et de document comptable. Vous devez les conserver dix ans pour la justice. Attention : vous êtes redevable d'une amende de 15 euros par mention manquante ou inexacte sur une facture, l'amende étant plafonnée au quart de son montant. Soyez donc très rigoureux quand vous établissez une facture dont les mentions obligatoires portent sur votre identification, l'identification du client, la date d'émission de la facture, le numéro de facture, la dénomination des produits et de la prestation, le prix total à payer TTC et les modalités de paiement.

Votre identification

Voici en haut à gauche, les mentions obligatoires qui portent sur votre identification :
- votre nom ;
- votre raison sociale, votre structure juridique (en toutes lettres ou initiales) et votre adresse ;
- le numéro de Siren : Système d'identification du répertoire des entreprises ;
- la dispense d'immatriculation au registre du commerce et des sociétés pour les auto-entrepreneurs ;
- le numéro individuel d'identification de TVA en cas d'échanges intracommunautaires avec la mention « exonération de TVA, art. 262 ter-1 du code général des impôts ».

L'identification du client

En haut à droite vous devez procéder à l'identification du client et porter les mêmes éléments :
- son nom ;
- sa raison sociale, sa structure juridique, son adresse ;
- son numéro de Siren ;
- le numéro individuel d'identification de TVA.

La date d'émission de la facture

La date d'émission de la facture doit correspondre au jour où la prestation a été réalisée, mais l'administration fiscale tolère un décalage.

Le numéro de facture

Il est très important de numéroter la facture en cas de contrôle. Le plus simple est une numérotation du type année/mois/numéro.

La dénomination des produits et de la prestation

La dénomination des produits consiste à préciser leurs quantités, leurs références, leurs prix à l'unité et à détailler le contenu de la prestation.

Le prix total à payer toutes taxes comprises

Pour indiquer le prix à payer TTC, vous devez d'abord préciser le montant total de la prestation hors taxes, le taux applicable de TVA et le montant total de la TVA due. Si vous êtes une microentreprise, portez la mention « franchise de TVA, art. 293B du code général des impôts ».

Les modalités de paiement

Concernant les modalités de paiement, outre la date limite, vous devez préciser le taux applicable des pénalités de retard, sinon, c'est le taux légal en vigueur qui sera utilisé, et les conditions d'escompte, c'est-à-dire le taux de réduction applicable en cas de paiement anticipé.

▶ **Bon à savoir** : en cas d'escompte, vous devrez établir une nouvelle facture ; une facture d'avoir qui indique les références de la facture initiale, le montant hors taxes de la remise consentie et le montant de la TVA correspondante.

38. Pratiquer le bon de commande

Pratiquer le bon de commande vous permet de contracter un engagement juridique et financier. Comme dans tout contrat, vous devez faire figurer des mentions obligatoires pour valider ce bon de commande.

Les mentions obligatoires sur le bon de commande

Le bon de commande est un contrat écrit sur lequel sont obligatoirement portées les mentions suivantes :
- votre nom et votre adresse ;
- l'adresse où a été conclu le contrat ;
- la désignation de la nature et des caractéristiques des services proposés ;
- les conditions d'exécution du contrat : les modalités et le délai d'exécution de la prestation de services ;
- le prix TTC ;
- les modalités de paiement ;
- la faculté de renonciation : le client dispose d'un délai de sept jours pour se rétracter.

Le bon de commande peut se pratiquer dans les deux sens. Quand vous ne l'utilisez pas avec un client ou un autre professionnel, vous êtes parfois obligé d'accepter des marchés à bons de commande, une pratique de plus en plus répandue dans les marchés publics.

Les marchés à bons de commande

Les marchés à bons de commande sont définis à l'article 77 du code des marchés publics comme des « *marchés conclus avec un ou plusieurs opérateurs économiques et exécutés au fur et à mesure de la survenance du besoin par l'émission de bons de commande* ». Les marchés à bons de commande sont particulièrement adaptés aux achats répétitifs. Tous types de prestations peuvent faire l'objet de tels marchés (marchés de travaux, marchés industriels, marchés informatiques et prestations intellectuelles) par les acheteurs publics, qui réduisent ainsi leurs coûts de procédure et bénéficient de tarifs avantageux. Si l'acheteur public ne peut déterminer la quantité et le rythme de ses besoins, la nature des prestations doit être stipulée.

• **Le prix des prestations** : vous n'aurez quasiment pas de marge de manœuvre concernant le prix des prestations. La part non programmable des prestations sera conclue à prix unitaire et la part prévisible à prix forfaitaire.
• **La quantité de travail** : le code des marchés publics donne tout pouvoir à l'adjudicateur. Les marchés à bons de commande peuvent être conclus sans minimum ou maximum en valeur ou en quantité. Ils s'effectuent sans négociation et mise en concurrence.

39. Demander des acomptes à la commande

Demander des acomptes à la commande, pratique très courante, est le meilleur moyen d'accroître votre trésorerie, de payer plus rapidement vos fournisseurs, mais surtout d'anticiper un impayé en testant le client. S'il est récalcitrant à verser 20 à 30 % d'avance, hormis une opposition de principe ou un désaccord sur un pourcentage trop élevé, vous pouvez craindre qu'il soit un mauvais payeur et dans l'incapacité de sortir le reste trente à soixante jours plus tard.

Les obligations des deux parties

Demander des acomptes à la commande implique un engagement ferme des deux parties : l'obligation d'acheter pour le client et pour vous l'obligation de réaliser la commande.
Le client ne peut se rétracter sous peine de vous verser des dommages et intérêts. De même, si vous vous ravisez, en mettant fin à la commande, quitte à rembourser le premier ou l'intégralité des acomptes, vous pourriez également être contraint de verser des dommages et intérêts au client (art. L. 131-1 à L. 131-3 du code de la consommation).
Pour éviter toute contestation, vous devez être le plus rigoureux possible dans votre demande d'acomptes et dans la rédaction du contrat.

Les termes du contrat

Concernant les termes du contrat, l'élément primordial est de préciser le contenu de la part de la mission correspondant à l'acompte demandé. Le terme exact est le « livrable ».
• Le livrable indique la forme que revêt le travail que vous devez rendre, en l'occurrence un plan dessiné pour l'architecte, un rapport d'étapes pour un consultant, un mobilier pour une architecte d'intérieur… C'est la preuve de votre prestation en cours de réalisation qui justifie le premier acompte. L'autre élément important concerne les conditions de règlement.

• Les conditions de règlement portent sur le délai, c'est-à-dire la date limite pour chaque acompte – dont le montant est précisé – et l'application ou non de pénalités de retard.
En cas d'accord, il est conseillé de rédiger un contrat de vente en deux exemplaires, lu et approuvé par les deux parties.

▶ **Bon à savoir** : à chaque versement d'acompte, vous devez un reçu au client pour éviter toute contestation.

40. Ouvrir un compte professionnel

Un compte professionnel est plus coûteux qu'un compte personnel (en moyenne 30 euros HT par mois). Lorsque votre activité ne compte que quelques mouvements financiers, un compte personnel suffit, mais lorsque les mouvements sont plus importants, l'ouverture d'un compte professionnel est recommandée.

▶ **Ce qu'il faut savoir** : dans tous les cas, il est important de distinguer les mouvements bancaires professionnels et les mouvements personnels en gérant deux comptes car, en cas de contrôle fiscal ou Urssaf, il est nécessaire de justifier de tous les mouvements financiers de son activité… L'ouverture d'un compte professionnel peut être effective entre quarante-huit et soixante-douze heures. Pour cela, il faut prendre rendez-vous avec votre banquier et vous munir des éléments suivants : KBis de moins d'un mois, bilan comptable si cette obligation comptable s'impose à votre entreprise, statuts pour les sociétés (SARL, SA, SAS, SCI), justificatif d'identité du gérant ou président…

▶ **Attention** : l'existence d'un compte professionnel est imposée aux entrepreneurs individuels par les Centres de gestion agréés (CGA) et les Associations de gestion agréées (AGA). Concernant les auto-entrepreneurs, l'adhésion à un CGA ou AGA n'étant pas prévue, un compte professionnel n'est pas obligatoire.

COMMENT FAIRE DANS LE CAS D'UN REFUS D'OUVERTURE DE COMPTE ?

Une banque a le droit de vous refuser l'ouverture d'un compte bancaire, et cela sans avoir à se justifier.

▶ ***Ce qu'il faut savoir** : vous êtes en droit de demander une attestation de refus d'ouverture de compte. Ce document comprend toutes les informations nécessaires pour pouvoir bénéficier de l'aide de la Banque de France. Celle-ci devra, dans les conditions prévues par la loi, vous ouvrir un compte de dépôt.*

41. Bien gérer sa TVA

La majeure partie des professions libérales sont, au-delà d'un certain seuil de chiffre d'affaires, assujetties à la TVA, et sont taxées sur des Bénéfices non commerciaux (BNC). Certaines professions libérales, comme les médecins, sont exonérées de TVA.
Trois régimes de TVA sont en vigueur : le régime de la franchise en base, le régime réel simplifié et le régime réel normal.

Le régime de la franchise en base

Ce régime permet de bénéficier d'une franchise qui dispense de la déclaration et du paiement de la TVA. Les petites entreprises, dont le chiffre d'affaires annuel hors taxes ne dépasse pas 32 000 euros, peuvent prétendre au régime de la franchise en base.

Les régimes réels

Les régimes réels assujettissent automatiquement l'entreprise à la TVA. L'entrepreneur déduit la TVA collectée lors de la facturation à ses clients lors de ses propres achats. La différence positive entre la TVA collectée et la TVA déductible devra être reversée au Trésor public.
Selon le montant du chiffre d'affaires annuel réalisé par l'entreprise, le régime réel pourra être simplifié ou normal.

Le régime réel simplifié

Le régime réel simplifié s'adresse :
• aux entreprises dont le chiffre d'affaires annuel hors taxes se situe entre 32 000 et 230 000 euros ;
• aux entreprises dont le chiffre d'affaires est inférieur au seuil de 32 000 euros, mais qui ont opté pour le régime réel simplifié de TVA.

▶ **Ce qu'il faut savoir** : le régime réel simplifié dispense l'entrepreneur d'une déclaration mensuelle de la TVA. Cependant, pour ce régime, le paiement de la TVA est exigible chaque trimestre sous forme d'acomptes prévisionnels.

Le régime réel normal

Le régime réel normal s'adresse :
• aux entreprises dont le chiffre d'affaires annuel hors taxes est supérieur à 230 000 euros HT ;
• aux entreprises dont le chiffre d'affaires est inférieur à 230 000 euros, mais qui ont opté pour le régime réel normal de TVA.

▶ **Ce qu'il faut savoir** : dans ce régime, la TVA due au titre d'un mois est basée sur la déclaration effectuée le mois précédent. La TVA doit donc être déclarée et payée chaque mois. Cependant, lorsque la TVA due l'année précédente est inférieure à 4 000 euros, il est possible de déclarer et de payer la TVA par trimestre.

▶ **En conclusion** : le régime de TVA dépend à la fois de l'activité de l'entreprise et du niveau de son chiffre d'affaires. Il est important de retenir :
• qu'une entreprise qui relève du régime de la franchise en base peut opter pour le régime réel simplifié ou pour le régime réel normal ;
• qu'une entreprise qui relève du régime réel simplifié peut opter pour le régime réel normal.

▶ **Notre conseil** : choisir le versement trimestriel permet de faire un peu de trésorerie, même s'il ne faut jamais compter ses sous avec la TVA. Cet argent étant collecté pour l'Etat, il est capital de toujours compter dans sa tête en hors taxes. Dans l'idéal, en plus du compte professionnel, le banquier peut vous proposer un portefeuille titre sur lequel vous pouvez déposer et retirer facilement l'argent comme sur un livret développement durable par exemple. Le taux de rémunération est relativement faible, mais cela permet de mettre cette TVA de côté et ne pas se laisser avoir par des sommes qui, au début de l'activité, peuvent griser et représenter un piège. L'argent de la TVA ne vous appartient pas : il appartient à l'Etat !

42. Et les notes de frais ?

C'est l'Urssaf qui est habilitée à contrôler le remboursement des frais professionnels.

Conseils pratiques pour faire ses notes de frais :
• rassemblez l'ensemble de vos notes de frais sur quinze jours ou un mois ;
• créez un tableau type Excel avec les notes de frais que vous avez engagées en les répartissant par catégorie : essence, restaurant, hôtel, taxi, etc. (attention : il ne faut jamais oublier de mentionner derrière les notes de restaurant, par exemple, le nom du client. Il faut également s'assurer que la TVA est bien indiquée afin de pouvoir la récupérer) ;
• joignez les justificatifs à ce tableau.

▶ **Ce qu'il faut savoir** : certaines entreprises font appel à des logiciels de gestion qui leur permettent de traiter automatiquement les notes de frais. L'avantage de ce type d'outil est d'assurer un suivi des dépenses globales par fonction et par date. Cette méthode permet plus facilement de détecter les incohérences et les abus…
Car attention aux notes de frais anormalement élevées : elles peuvent vous exposer vis-à-vis de l'Urssaf. Mélanger carte bleue professionnelle et personnelle, gonfler la note de taxi ou se servir de sa carte d'essence pendant les vacances sont des pratiques que l'Urssaf détecte facilement au travers de dates incohérentes ou de montants importants.

43. Mettre de l'argent de côté pour le paiement des charges

En tant que profession libérale, vos revenus correspondent à votre Bénéfice non commercial (BNC). Ce bénéfice doit être déclaré sur votre feuille d'imposition en fin d'année. Cette somme sera soumise au barème de l'impôt sur le revenu.

Pour calculer votre bénéfice, il suffit de soustraire toutes vos charges du montant de votre chiffre d'affaires : location d'un bureau, investissements, charges sociales…

▶ **Ce qu'il faut savoir** : les cotisations sociales représentent en moyenne 40 % à 45 % de vos revenus. Vous ne paierez le montant exact de vos cotisations sociales de la première année, qu'en fin de deuxième année d'activité. Il est recommandé de mettre de l'argent de côté pour éviter des difficultés de trésorerie.

▶ **Notre conseil** : lorsque vous encaissez une facture ou faites le bilan de vos revenus hebdomadaires ou mensuels, mettez systématiquement 50 % de côté, histoire de voir large et de parer à tout avis de paiement ou autre régularisation de charges inattendues. Cela permet d'être tranquille, quitte à se reverser le surplus en fin d'année.

44. L'Urssaf : comment ça marche ?

Le sigle « Urssaf » signifie Union de recouvrement des cotisations de Sécurité sociale et d'allocations familiales.

En France, les Urssaf forment un réseau d'organismes privés chargés par l'Etat de collecter les cotisations salariales et patronales destinées à financer le régime général de la Sécurité sociale.

Les Urssaf ont également pour rôle d'encaisser la CSG et la CRDS (deux prélèvements sociaux au profit du ministère de l'Economie et des Finances[1]).

En tant que profession libérale, vous êtes tenu de verser à l'Urssaf les cotisations d'allocations familiales et les contributions CSG et CRDS ainsi que la contribution à la formation professionnelle.

UN SEUL LIEU POUR TOUTES VOS FORMALITÉS : LE CFE (CENTRE DE FORMALITÉS DES ENTREPRISES)

Le CFE simplifie vos démarches administratives lors de la création, la modification ou la cessation de votre activité.
Une seule déclaration est à remplir pour l'ensemble des organismes (Insee, organismes sociaux, Urssaf, Centre des impôts…).
▶ ***Attention :*** *vous devez demander votre immatriculation au Centre de formalités des entreprises dans les huit jours qui suivent le début de votre activité. Concernant les professions libérales, le CFE compétent est l'Urssaf dans la circonscription de votre lieu d'activité.*

1. Source : site de l'Urssaf.

Ce qu'il faut savoir concernant les cotisations :

• en cours d'activité, vos cotisations sont calculées sur vos revenus professionnels : les taux applicables sont de 5,4 % pour les allocations familiales, 7,5 % pour la CSG et 0,5 % pour la CRDS ;

– la contribution de la formation professionnelle correspond à 0,15 % du plafond de la Sécurité sociale, soit 53 euros pour 2011 exigibles en février 2012 ;

• en début d'activité, vos revenus professionnels n'étant pas connus, les cotisations seront calculées, au titre des deux premières années d'activité, sur une base forfaitaire, soit :

– pour la première année en 2012 à 6 911 euros ;

– pour la deuxième année en 2012 à 10 508 euros.

45. Quelles différences entre chiffre d'affaires et bénéfices ?

Le chiffre d'affaires d'une entreprise correspond à la somme des ventes de biens et de services effectuées sur une période donnée (en général il est calculé tous les ans). Il se calcule en additionnant le total des factures et des avoirs hors taxes (émis tout au long de cette période d'exercice). Le CA se calcule hors taxes, c'est-à-dire hors TVA.

Les bénéfices (ou résultat net comptable) correspondent au bénéfice net qu'a réalisé une entreprise une fois qu'elle a payé toutes ses charges (d'exploitation, financières et exceptionnelles) sur une même période donnée.
Les charges qui viennent en déduction du chiffre d'affaires concernent notamment :
- les achats de fournitures, de matières premières ;
- les frais d'entretien et de réparation ;
- les frais de locaux professionnels : loyers, redevances de location-gérance ;
- les frais de personnel ;
- les honoraires ;
- les loyers ;
- les achats de petits matériels ;
- les frais d'assurance, de publicité ;
- les impôts et taxes ;
- les intérêts d'emprunt ;
- les frais de déplacement, d'automobile ;
- les frais de repas, etc.

▶ **A retenir** : l'impôt sur le revenu est basé sur le bénéfice net comptable.

46. Gérer son temps pour ne pas être en retard vis-à-vis du client

Gérer son temps, c'est aussi gérer celui du client. Si vous êtes en retard, le client le sera aussi. Et ce n'est pas toujours idéal, surtout lorsque l'on débute et que l'on doit donner la meilleure image de soi-même, de faire attendre le client.
Dites-vous que si le temps est précieux pour vous et que vous en manquez, il y a de fortes chances pour que votre client soit confronté au même problème. Donc, si vous lui faites perdre trop de temps, il y a des chances pour qu'il ne revienne plus vers vous.
Gérer son temps est donc essentiel. Comment améliorer cette gestion du temps ? Comment prioriser sans léser ? Voici quelques astuces :
• imposez-vous une régularité en effectuant chaque jour un certain nombre de tâches préalablement classées : travaux difficiles, urgents, faciles, peu urgents, etc. ;
• déterminez une journée ou une demi-journée, toujours la même, que vous consacrez aux paperasseries et autres coups de fil. Concentrer, sauf urgence, ces tâches, vous permettra d'être plus efficace sur le reste de votre travail ;
• pour ne pas être perturbé par des éléments extérieurs : mettez votre téléphone sur répondeur, désactivez les signaux annonçant des mails, fermez votre page Facebook ou votre messagerie instantanée.

▶ **A retenir** : nous entretenons tous un rapport différent avec le temps ; c'est pour cette raison qu'il est important de classer par ordre de priorité les tâches de la journée dans un planning. Mais attention : cela ne sert à rien d'établir un planning surchargé si vous ne respectez pas les délais. Sachez connaître vos limites. Il faut savoir refuser de nouvelles commandes lorsque vous savez que vous ne pourrez pas respecter les délais de livraison. Bloquer un agenda de rendez-vous si vous sentez que vous passez trop de temps sur chaque patient ou client, et que cela est important pour vous. Il est également essentiel de savoir dire non lorsque vous êtes sollicité pour des tâches qui ne vous rapportent rien. Dans ce cas, il est vivement recommandé d'identifier les demandes des interlocuteurs avant de répondre à leurs sollicitations.

FIXEZ-VOUS DES DÉLAIS

Donnez-vous un temps limite pour exécuter une tâche. Cette évaluation doit prendre en compte les contraintes de votre activité. Le temps que vous aurez réservé à une commande ou un client doit pouvoir être suffisamment court pour ne pas vous disperser et suffisamment long pour être qualitatif.

▶ ***Notre conseil :*** *pour être sûr de respecter les délais, prévoyez toujours une marge supplémentaire de trois jours dans votre planning.*

Il vaut mieux terminer en avance qu'en retard. Dans le même esprit, en cas de retard, il vaut mieux préparer le client le plus tôt possible. Il n'y a rien de pire que de dire le jour du rendu : « Ah au fait, vous allez rire, je suis en retard d'une semaine… » Ah si, il y a pire : attendre que le client appelle pour savoir pourquoi il n'a encore rien reçu alors que cela fait deux jours que le projet devrait être fini. En général, les clients comprennent assez bien que l'on soit en retard à deux conditions : que le boulot soit bien fait et qu'on les ait prévenus longtemps à l'avance.

47. Entretenir sa clientèle

Un client satisfait ne s'adressera pas à la concurrence, sauf si celle-ci lui fait une offre plus intéressante que la vôtre. Il faut donc que vous soyez capable de satisfaire votre clientèle, mais également de la fidéliser. Pour cela, quelques conseils utiles.

Respecter les délais

Le délai de livraison d'une commande doit faire partie de vos priorités. C'est par votre ponctualité que le client vous jugera. Dans l'estimation de vos échéances, n'oubliez pas de prendre en compte les imprévus.

Faire preuve de flexibilité

Le professionnalisme se mesure souvent à la capacité de s'adapter à une situation donnée. Votre flexibilité sera régulièrement mise à l'épreuve au moment de la livraison de votre travail ou lors de vos consultations. Votre client/patient vous demandera peut-être de faire des modifications ou de lui rendre un service supplémentaire. N'oubliez pas : c'est la qualité de votre « service après vente » et votre capacité à vous adapter à la demande de votre client qui fera la différence entre vous et un concurrent.

Bien connaître son client

Bien connaître votre client vous permettra de mieux cibler ses besoins, d'engager des opérations de fidélisation qui le séduiront, de lui proposer le produit qui lui conviendra. Il est également recommandé de bien connaître les produits que propose la concurrence.

Instaurer la confiance

Lorsque l'on est prestataire, il faut pouvoir rapidement répondre au client. Par exemple, si le client appelle ou envoie un mail, il est bon de lui répondre dans les vingt-quatre heures, même si l'on n'a pas la solution toute prête à sa demande. La gestion des incidents et la parole donnée sont les maîtres mots d'un démarrage d'activité réussi. Il faut savoir qu'un client que vous « dépannerez » sera souvent le client le plus fidèle.

Ne pas faire de publicité mensongère

La publicité mensongère est une erreur récurrente dans la gestion de la relation client. Evitez de faire des « coups ». Ne partez pas avec l'objectif de départ de gagner beaucoup d'agent tout de suite. Cela vous évitera de surfacturer ou de faire des marges de bénéfices très importantes. Le client peut aller chez la concurrence ou se rendre compte que le « produit » qu'on lui a vendu a été surfacturé par rapport à sa valeur réelle. Misez sur le long terme. C'est le seul élément qui permet de voir augmenter votre chiffre d'affaires.

Oser le geste commercial qui fait la différence

N'hésitez pas à faire des gestes commerciaux vis-à-vis de vos clients. Un bon de réduction pour leur prochaine commande, la non-facturation d'une consultation, une livraison gratuite sont autant de marques de reconnaissance et de remerciement des clients. C'est bien connu : fidéliser un client coûte bien moins cher qu'en séduire un nouveau.

48. Séparer vie privée et vie professionnelle

La séparation entre vie professionnelle et vie personnelle n'est pas toujours simple à gérer, surtout lorsque l'on est libéral. Il arrive très souvent que notre lieu de travail soit également le lieu de notre domicile. Généralement, le client finit par le savoir, et c'est la porte ouverte à tous les débordements. Comment faire face, dans ce cas, à l'intrusion de votre vie professionnelle dans votre vie privée ?

Se considérer comme un salarié lambda

Le meilleur moyen est de vous considérer comme un salarié dans une entreprise. Pour cela, éteignez votre ordinateur à heure fixe et laissez votre téléphone au bureau. Il est indispensable de posséder deux téléphones, autrement vous vous exposez à des appels continus. Le client qui sait que vous êtes joignable à tout moment, sous prétexte d'une « urgence », vous appellera le week-end, les soirées et durant les vacances.

Fonctionner par e-mail

Pour rester joignable autant que possible, essayez de fonctionner par e-mail. Vous saurez ainsi mieux juger, selon l'importance de l'objet, la nécessité ou non de joindre un client par téléphone. Gain de temps assuré !

Eviter d'avoir des amis comme clients

Ceci est une règle d'or ! Si vous avez des amis comme clients, il faut que les relations soient claires. Car on a toujours tendance à « dépanner » les amis, à dispenser des prestations gratuites ou à un prix, parfois, très réduit. De ce fait, les amis ne se rendent pas toujours compte de la valeur du service. Avec les amis, il faut, autant que faire se peut, inscrire sa prestation dans une relation contractuelle.

49. Qu'est-ce que le RSI (Régime social des indépendants) ?

Le Régime social des indépendants (RSI) a été créé en 2006 en remplacement des caisses d'assurance maladie et de retraite obligatoires des professions indépendantes.

Cette simplification de la gestion de la protection sociale et de l'assurance permet une meilleure qualité de service. Le RSI regroupe trois réseaux :
- l'**assurance maladie des artisans/commerçants et professions libérales** (attention : concernant les professions libérales, il faut bien noter que les compétences du RSI se limitent à l'assurance maladie-maternité) ;
- **l'assurance vieillesse et invalidité des artisans et de leurs conjoints** ;
- l'**assurance vieillesse et invalidité des commerçants et industriels indépendants.**

Comment fonctionne le RSI ?

Le RSI est composé de 1 caisse nationale et de 28 caisses régionales, auxquelles s'ajoutent 2 caisses propres à l'assurance maladie-maternité des professions libérales (une pour l'Ile-de-France et une autre pour les autres régions de métropole).
Les caisses régionales du RSI procèdent à l'immatriculation des assurés, au versement des prestations et au recouvrement contentieux des cotisations.

Les missions du RSI pour les professions libérales

L'assurance maladie-maternité des professions libérales garantit :
- une couverture pour l'accès aux soins identique à celle du régime général (régime auquel sont soumis les salariés) ;

• une allocation forfaitaire de repos total en cas de maternité ou d'adoption. Le montant de cette allocation est déterminé chaque année. Dans le contexte d'une maternité ou d'une adoption, des indemnités journalières forfaitaires d'interruption d'activité sont également prévues en cas de cessation d'activité professionnelle supérieure à quarante-quatre jours.

▶ **Attention** : ce régime d'assurance maternité laisse néanmoins certains frais à la charge du professionnel libéral. Celui-ci peut souscrire à des assurances privées pour assurer les frais de soins (remboursement en cas de dépassement d'honoraires, remboursement des frais de transport en ambulance, du ticket modérateur…).

▶ **Pour plus d'informations** : voir le site du régime social des indépendants, www.le-rsi.fr

50. Quels droits en cas de maladie ?

A partir du moment où l'affiliation est faite auprès du RSI (voir fiche 49), l'assuré a droit aux prestations en nature.
Comme dans le cadre du régime général, une feuille de soins ou feuille de maladie doit être établie pour pouvoir bénéficier des prestations. La démarche est la même que celle d'un salarié, y compris en ce qui concerne le choix d'un médecin traitant.

Le montant du remboursement

La tarification entre le régime général et celui des travailleurs indépendants est la même concernant la prise en charge à 100 %, les honoraires des praticiens et les frais de transport.

Les prestations

Pour avoir droit aux indemnités journalières, l'assuré doit :
• être affilié au régime d'assurance maladie-maternité des travailleurs non salariés des professions non agricoles depuis au moins un an. Si l'assuré est affilié depuis moins d'un an au régime d'assurance maladie-maternité des travailleurs non salariés non agricoles et qu'il relevait précédemment à titre personnel d'un ou de plusieurs autres régimes de base, la période d'affiliation au régime antérieur est prise en compte pour l'appréciation de la durée d'affiliation minimale d'un an, sous réserve qu'il n'y ait pas eu d'interruption entre les deux affiliations ;
• être à jour de ses cotisations de base et supplémentaires à la date du constat médical de l'incapacité de travail.

▶ **Ce qu'il faut savoir** : les indemnités journalières ne sont pas cumulables avec des indemnités journalières forfaitaires de maternité.

La durée d'indemnisation et le délai de carence

• L'assuré ne peut recevoir au titre d'une ou de plusieurs maladies, pour une période quelconque de trois ans, plus de 360 indemnités journalières. Pour les affections de longue durée, interruption d'activités ou soins continus d'une durée supérieure à six mois, l'indemnité journalière peut être servie pendant une période d'une durée maximale de trois ans calculée de date à date pour chaque affection.

• L'indemnité journalière est attribuée à l'expiration d'un délai de carence de trois jours en cas d'hospitalisation et de sept jours en cas d'accident ou de maladie, à compter de la constatation médicale de l'incapacité de travail.

Le montant

L'indemnité journalière est égale à 1/720e du revenu professionnel annuel moyen des trois dernières années civiles dans la limite du plafond annuel de la Sécurité sociale.

Le montant de l'indemnité ne peut cependant :

• ni dépasser 1/720e du plafond annuel de la Sécurité sociale ;
• ni descendre en dessous de 1/720e de 40 % dudit plafond.

▶ **Pour plus d'informations** : voir le site du régime social des indépendants, www.le-rsi.fr

51. Quels droits en cas de grossesse ?

L'indemnité journalière forfaitaire d'interruption d'activité

Les femmes professionnelles libérales ont depuis le 1er janvier 2009, droit à une indemnité journalière forfaitaire d'interruption d'activité si elles interrompent toute activité professionnelle pendant au moins 44 jours consécutifs.

MODE DE CALCUL

Pour les interruptions d'activité ayant débuté à partir du 1er décembre 2010, un nouveau mode de calcul de l'indemnité journalière est appliqué. L'indemnité journalière est égale à 1/60,84e (au lieu de 1/60e) du plafond mensuel de la Sécurité sociale, soit un montant de 48,42 euros au 1er janvier 2011 (1/60,84e de 2 946 euros).
Montants au 1er janvier 2011 :
- *2 130,48 euros pour 44 jours ;*
- *2 856,78 euros pour 59 jours ;*
- *3 583,08 euros pour 74 jours.*

▶ **Bon à savoir** :
- en cas d'accouchement prématuré, la période du congé maternité est allongée en cas de naissance prématurée plus de 44 jours avant la date prévue d'accouchement et d'hospitalisation postnatale de l'enfant ;
- les conjointes collaboratrices[2] ont également des droits. La conjointe collaboratrice a des allocations de maternité en cas de naissance ou d'adoption.

2. Le statut de conjoint collaborateur s'adresse au conjoint ou à la personne liée par un pacte civil de solidarité au chef d'entreprise, non associé, exerçant une activité professionnelle régulière dans l'entreprise commerciale, artisanale ou libérale, sans percevoir une rémunération. (Source APCE.)

L'indemnité de remplacement

Elle vous est versée si vous cessez de travailler et que vous vous faites remplacer (dans le cadre de votre activité professionnelle ou pour les tâches ménagères) par un salarié pendant au moins une semaine, entre les six semaines précédant la naissance et les dix semaines suivant l'accouchement.

▶ **Pour plus de renseignements** : www.rsi.fr

52. Souscrire une assurance accident-maladie complémentaire

En cas d'arrêt de travail, le professionnel libéral ne touche environ que 43 % de son salaire par le RSI. Une baisse ou une perte de revenus peut avoir des conséquences dramatiques. Il est donc important de se constituer une complémentaire sur mesure.
Dans le cadre de la loi Madelin, le travailleur indépendant qui souscrit une assurance lui garantissant un maintien de salaire peut profiter d'une déductibilité fiscale. La loi Madelin de 1994 permet la défiscalisation des cotisations de mutuelle effectuées à titre volontaire par les Travailleurs non salariés TNS non agricoles (indépendants et professions libérales). Mais attention : les cotisations sont déductibles dans certaines limites !

CALCUL DE LA DÉDUCTION RETRAITE COMPLÉMENTAIRE ET PRÉVOYANCE COMPLÉMENTAIRE DANS LE CADRE DE LA LOI MADELIN

Le plafond est fixé à 10 % du bénéfice imposable, retenu dans la limite de 8 fois le plafond annuel de la Sécurité sociale, auquel s'ajoute, sur la fraction du bénéfice comprise entre le plafond annuel de la Sécurité sociale et 8 fois le montant de ce plafond, une déduction supplémentaire de 15 %.
Les cotisations déductibles au titre de ces contrats ne peuvent donc excéder 65 402 euros pour 2011. Le plancher annuel de déduction est égal à 10 % du plafond annuel de la Sécurité sociale (3 535 euros pour 2011).
Les contrats d'assurance vieillesse sont souscrits sous forme d'assurance-vie ; les prestations servies lors de la cessation d'activité du chef d'entreprise prennent obligatoirement la forme d'une rente (il n'y a donc pas de versement d'un capital).

▶ ***Ce qu'il faut savoir :*** *les versements effectués sur un Plan d'épargne retraite populaire (Perp) sont déductibles du revenu global. La déduction fiscale est limitée à la différence entre 10 % du bénéfice dans la limite de 8 fois le plafond annuel de la Sécurité sociale et le montant des cotisations ou primes déductibles du bénéfice. Dans tous les cas, il est utile de demander aux organismes d'assurance un devis au préalable pour comparer les prix et les contrats.*

▶ ***Renseignements complémentaires :*** *www.apce.com, rubrique « Protection sociale ».*

53. Zoom sur la chambre de commerce et d'industrie

Grâce aux conseils de professionnels, le libéral peut trouver des pistes de financement, rédiger au mieux le contrat de son salarié, faire face aux impayés, assurer la pérennité de son entreprise... La chambre de commerce et d'industrie est le lieu indiqué pour répondre aux besoins des professions libérales.

Pour la définition, la chambre de commerce et de l'industrie est un établissement administratif de l'Etat placé sous tutelle des ministères de l'Industrie et du Commerce. Structure intermédiaire entre les pouvoirs publics et l'entreprise, la CCI est dirigée par une assemblée de membres titulaires, chefs d'entreprise élus au suffrage direct par l'ensemble des industriels, commerçants et prestataires de service de son territoire. Les membres titulaires élisent les membres du bureau, lesquels élisent un président.

Outre le fait que cet organisme gère les immatriculations des entreprises, il propose également des missions de conseil et d'accompagnement :

- la CCI organise régulièrement des ateliers animés par des chefs d'entreprise ;
- la CCI accompagne le porteur de projet dans la phase de création de sa société ;
- la CCI aide l'entrepreneur à élaborer un dossier de financement ;
- à travers ses différentes connexions, la CCI a la possibilité de mettre le libéral directement en relation avec des financeurs ;
- la CCI propose des services en ligne qui délivrent des informations juridiques en matière de droit de société et de droit fiscal.

Il existe environ 169 CCI dans toute la France. Cherchez la plus proche de chez vous et profitez des différents avantages qu'elle offre.

54. Qu'est-ce que la Cipav ?

La Cipav (Caisse interprofessionnelle de prévoyance et assurance vieillesse) est une caisse de retraite mais également un organisme couvrant les risques d'invalidité et de décès. Plus de 25 % des personnes qui exercent une profession à titre libéral cotisent à la Cipav. L'assurance vieillesse des professions libérales se compose de 11 sections professionnelles. Ces différentes sections gèrent les encaissements des cotisations et le versement des pensions de l'assurance vieillesse de base pour la CNAVPL.

QU'EST-CE QUE LA CNAVPL ?

La CNAVPL (Caisse nationale autonome vieillesse des professions libérales) gère le régime d'assurance vieillesse de base. C'est un organe de direction qui, cependant, ne dispose pas de moyens de gestion propre. La CNAVPL représente l'organisation autonome des professions libérales devant les pouvoirs publics.

▶ ***Notez bien :*** *les avocats cotisent à la Caisse nationale des barreaux français (CNBF).*

▶ **Pour savoir comment cotiser** : www.cipav-retraite.fr

55. Limiter les frais fixes

Les charges fixes (ou charges structurelles) sont les frais réguliers de l'entreprise. Elles se distinguent des charges variables (ou charges fonctionnelles), qui correspondent aux frais résultant de l'activité de l'entreprise. Les charges fixes constituent donc les dépenses obligatoires quel que soit le niveau de votre activité. Il s'agit par exemple du loyer de votre local commercial, de l'électricité, de l'Internet, du salaire de l'expert-comptable, du salaire d'un employé si vous en avez un…

▶ **A retenir** : pour limiter les frais fixes, il est important d'écarter les dépenses non indispensables au démarrage de l'activité.

Dans une phase de création, un loyer n'est par exemple pas indispensable. Il est possible de domicilier l'entreprise chez vous à condition de vérifier au préalable les termes du bail. Si le besoin de local est nécessaire à l'exercice de votre activité, sachez qu'il existe des pépinières d'entreprises qui offrent des locaux professionnels à des tarifs compétitifs.
Il faut également éviter d'anticiper des investissements dans des équipements prévus à une phase ultérieure de développement.
Sachez que vous pouvez aussi être exonéré de charges sociales grâce à la mise en place du plan d'aide aux demandeurs d'emploi créant ou reprenant une entreprise (Accre). Si vous restez salarié et créez votre entreprise, vous pouvez également être exonéré la première année.

56. Le régime réel

Dans le régime réel, les entreprises sont imposées sur la base de leurs bénéfices réellement réalisés (par opposition aux règles applicables dans le régime de la microentreprise). Il s'applique aux bénéfices réalisés et à la TVA.
Il existe deux régimes du bénéfice réel : le réel simplifié et le réel normal.

Le régime du réel simplifié

• Le régime réel simplifié s'adresse aux entreprises soumises à l'impôt sur le revenu (IR) et dont le chiffre d'affaires est compris :
- entre 81 500 euros HT et 777 000 euros HT (entreprises dont le commerce principal est de vendre des marchandises, des objets, des fournitures et des denrées à emporter ou à consommer sur place ou de fournir un logement) ;
- entre 32 600 euros HT et 234 000 euros HT (autres activités de services).

• Le régime réel simplifié s'adresse aussi aux sociétés soumises à l'impôt sur les sociétés dont le chiffre d'affaires est inférieur à 777 000 euros HT (marchandises) ou 234 000 euros HT (services).

▶ **A savoir** : la déclaration au réel simplifié est à déposer au plus tard dans les trois mois suivant la clôture de l'exercice, si celui-ci ne se termine pas le 31 décembre.
Si l'exercice se termine au 31 décembre, la déclaration au réel simplifié est à déposer au plus tard le 30 avril de l'année suivante.

Le régime du réel normal

Le régime du réel normal s'adresse aux entreprises dont le chiffre d'affaires excède :

• 777 000 euros HT si leur activité principale est la vente de marchandises, d'objets ou de denrées à emporter ou à consommer sur place, ou la fourniture de logements ;

• 234 000 euros HT, s'il s'agit de prestations de services.

▶ **A savoir** : la déclaration au régime réel normal est à déposer au plus tard dans les trois mois suivant la clôture de l'exercice, si celui-ci ne se termine pas le 31 décembre.
Si l'exercice se termine au 31 décembre, la déclaration au réel normal est à déposer avant le 30 avril de l'année suivante.

57. Le régime de la microentreprise

La microentreprise désigne une entreprise de petite taille qui est souvent l'initiative d'un seul entrepreneur. La microentreprise est destinée à simplifier les formalités des activités à chiffre d'affaires peu élevé. Ce terme ne renvoie pas à un statut juridique de société mais à un régime fiscal et une protection sociale.

Le principal objectif du régime « micro » est de réduire au minimum les obligations comptables et fiscales des entrepreneurs. Il est réservé aux entreprises individuelles, dont le chiffre d'affaires annuel n'excède pas :

- 81 500 euros HT pour les exploitants ;
- 32 600 euros HT pour les autres prestataires de services relevant des BIC (Bénéfices industriels et commerciaux) et les professionnels relevant des BNC (Bénéfices non commerciaux).

Le régime simplifié de la microentreprise entraîne des conséquences :

- **comptables** : le résultat d'activité d'une microentreprise est calculé à partir de son chiffre d'affaires théorique. La microentreprise ne détermine pas un résultat réel et, de ce fait, bénéficie d'obligations comptables simplifiées ;
- **sociales** : les cotisations sociales du microentrepreneur sont calculées sur la base de ce résultat d'activité théorique. L'avantage de la microentreprise sur le plan social apparaît dès que le résultat théorique est inférieur au résultat réel ;
- **fiscales** : l'impôt sur le revenu du microentrepreneur est calculé sur la base du résultat d'activité de la microentreprise. Ce résultat d'activité théorique ne tient pas compte des charges réelles de la microentreprise mais uniquement de son chiffre d'affaires.

▶ **A retenir** : le régime « micro » ne concerne que la déclaration des bénéfices imposables ainsi que la TVA. Ce régime ne dispense pas le paiement de la taxe professionnelle. Si les entreprises placées sous le régime « micro » sont exonérées de taxe sur les salaires pour les rémunérations versées, l'entrepreneur doit tout de même s'acquitter des charges sociales dues au titre de l'embauche de salariés.

SE DÉVELOPPER

PARTIE III

58. Travailler sa fibre commerciale

Avoir la fibre commerciale ne veut pas dire vendre à tout prix. La fibre commerciale résulte plus de l'acquis que de l'inné. C'est en menant une réflexion sur la construction d'un argumentaire de vente que vous définirez précisément la valeur ajoutée de votre activité. Car la principale source de cette fameuse fibre commerciale, c'est bien la conscience de posséder une valeur ajoutée par rapport au concurrent. Le genre hâbleur, « démago », qui ne pense qu'à « faire des coups » est un modèle démodé qui ne tient pas une activité sur le long terme. Ce travail d'argumentaire est d'autant plus essentiel qu'il vous permettra de mieux vous connaître ; de découvrir, peut-être, de nouvelles qualités ou encore de déceler des défauts que vous n'auriez pas encore pris en compte.

La fibre commerciale, c'est un travail de longue haleine qui porte ses fruits avec le temps et non avec la « tchatche ». Sens de l'écoute, patience, observation du client pour mieux répondre à ses besoins ; une certaine honnêteté également (quitte à ne pas gagner beaucoup d'argent au démarrage) afin de mettre votre interlocuteur en confiance.

▶ **Pour conclure :** c'est en ayant une éthique commerciale ; en adoptant une « commerciale attitude » que vous verrez le client venir vers vous.

59. Travailler son relationnel

L'art du relationnel est parfois considéré comme une compétence innée, que certains ont, et d'autres moins. Néanmoins, c'est une qualité qui se travaille et qui représente, il est vrai, 50 % du travail pour décrocher des nouveaux clients et/ou nouveaux contrats. Voici quelques conseils pour améliorer votre sens du relationnel.

Manifester son implication

Manifester son implication personnelle est le maître mot pour faire passer un message fort à son interlocuteur. La relation se crée dès lors que la personne qui est en face de vous ressent une réelle implication de votre part dans votre projet ou activité. A partir de l'instant où vous êtes conscient de votre valeur ajoutée, que vous êtes suffisamment investi dans votre projet, il faut pratiquer une sorte de lâcher prise et montrer que vous vous faites confiance. Dans ce climat, votre interlocuteur aussi se sentira rassuré.

Inspirer confiance

Si vous avez une vision claire de votre projet, de votre produit, de votre activité, vous aurez confiance en vous. Vous présenterez d'une façon simple votre argumentaire. Vous retiendrez l'attention de votre auditoire. Inspirer confiance ne signifie pas déballer des certitudes ; cela ne signifie pas non plus tomber dans la flatterie. Inspirer confiance, c'est simplement rappeler à l'autre que vous êtes un être humain avec des doutes, de la sensibilité, de la force… C'est dans votre faculté à maîtriser et nuancer vos sentiments que vous séduirez. Cette attitude qui paraît naturelle se travaille.

Aller vers l'autre

Il faut vous intéresser à l'autre plutôt que vous montrer « intéressé ». Il ne faut pas hésiter à aller chercher l'autre. C'est en vous montrant curieux que vous construirez une relation professionnelle solide. Un relationnel basé dans le seul but de décrocher un contrat, une vente, un poste est voué à l'échec. L'humain reste encore le meilleur moyen de connaître vos clients, vos potentiels clients, vos fournisseurs, vos collaborateurs. Sans oublier que c'est de loin le meilleur moyen de faire des affaires.

60. Trouver un lieu de rendez-vous agréable

Lorsque vous donnez rendez-vous à un potentiel client, fournisseur ou collaborateur, dites-vous que c'est votre entreprise qui rencontre. Le lieu choisi devra donc refléter l'image que vous souhaitez donner de votre activité.

Le premier critère à prendre en compte est sans doute la densité sonore de l'endroit. Choisissez un endroit calme où les bruits de fond ne vont pas venir gêner votre conversation. La brasserie est, par exemple, un lieu à éviter car, malgré son charme, ce type d'établissement est souvent bruyant avec de nombreux passages.
Le cadre est bien entendu important. Tout dépend de l'image que vous souhaitez donner de votre entreprise. Plutôt chic ou décontractée ?
• Pour des ambiances calmes et cosy, les salons d'hôtel sont appropriés. On pense rarement à ce type d'endroit, pourtant ouverts au public. Calme, confortable et souvent élégant, le café d'hôtel donne un bon départ à l'échange.
• Pour une ambiance décontractée, vous pouvez opter pour le petit café ou le restaurant à côté de chez vous ou de l'entreprise ; un lieu auquel vous êtes habitué et où l'on vous connaît. Cela met généralement votre interlocuteur en confiance et vous permet d'engager des négociations, des échanges en toute simplicité.

▶ **Attention !** Avant de choisir un lieu, il ne faut surtout pas oublier d'où vient la personne à qui vous avez donné rendez-vous. Cela vous évitera de choisir un lieu trop éloigné d'une gare si votre interlocuteur vient de l'étranger ou d'une autre région de France par exemple. N'oubliez pas : un lieu accessible et facile à trouver facilite la rencontre.

61. Se créer une identité visuelle

L'identité est à la base de toute communication.
Créer une identité visuelle, c'est résumer la personnalité de l'entreprise, ses valeurs, par des signes, des couleurs, des polices. Mais également par des mots qui vous distingueront des concurrents. Une signature qui doit exprimer ce que votre entreprise a d'unique.

Le choix du nom est donc un enjeu important pour l'avenir de votre activité. D'une manière générale, un sigle imprononçable, banal ou compliqué n'est pas indiqué. Dans une société où la concurrence est rude, mieux vaut trouver la juste enseigne.

Quelques conseils :
• vous pouvez tout d'abord partir des fondamentaux de votre activité et faire une liste de mots qui la caractérisent. Vous pourrez ensuite faire des combinaisons de noms, d'adjectifs jusqu'à trouver un ajustement sémantique agréable à l'oreille. Quelques exemples : un libéral dont l'activité est d'être correcteur trouvera « Mot à Mot » pour le nom de son activité ; un indépendant qui souhaite se lancer dans l'aide à la personne en créant une conciergerie appellera sa société « Dring ! », etc. ;
• ensuite, il est primordial de tester votre nom auprès d'un grand nombre de gens. Il faut aussi vérifier sa signification dans des langues étrangères, en premier lieu en anglais. Cela vous évitera des surprises ;
• enfin, si tout ce processus de recherche et de création n'est pas votre point fort, tournez-vous vers des professionnels qui vous aideront dans cette étape essentielle du démarrage de votre activité.

▶ **Bon à savoir** : évitez dès le départ d'investir dans une charte graphique étendue. Limitez-vous à la papeterie et au site Internet. Vous déciderez d'éventuelles extensions, comme une charte documentaire, lorsque votre entreprise aura évolué.

▶ **Attention !**
• Il faut vérifier auprès de l'Inpi qu'il ne s'agit pas d'une marque déposée protégée au titre du droit des marques ou comme enseigne commerciale.

• Une signature est également considérée comme une œuvre au regard du droit d'auteur. A ce titre, dès lors qu'elle est considérée comme originale, elle est protégée du simple fait de son exploitation. Même si elle n'est pas enregistrée comme marque, il est donc recommandé de vérifier qu'elle n'a pas déjà été exploitée.

62. Déposer une marque ou un brevet à l'Inpi

C'est auprès de l'Inpi (Institut national de la propriété industrielle) que vous devez déposer votre nom ou votre signature. Une marque protège le nom ou le signe et permet de distinguer vos services ou vos produits de ceux des concurrents.
Avant de déposer votre marque, vous êtes invité à vérifier qu'elle respecte les conditions de validité. Il faut pour cela vérifier la disponibilité du nom de votre enseigne, car l'Inpi n'est pas habilité à le faire. Il faut également s'assurer que le logo que vous avez choisi est bien considéré comme une marque par l'Institut national de la propriété industrielle. Car attention : certains logos ne sont pas considérés comme des marques.

Pour connaître les modalités de ces recherches, consulter les onglets suivants sur le site www.inpi.fr : « Vérifier la disponibilité d'une marque », « Vérifier la disponibilité d'un nom de société ».

Cette vérification faite, vous pourrez procéder au dépôt de votre demande d'enregistrement en remplissant une demande d'enregistrement de marque sur le site Internet de l'Inpi à l'adresse suivante http://depot-marque.inpi.fr. Vous pourrez alors :
• soit l'imprimer en cinq exemplaires et la déposer, par voie postale[1] en lettre recommandée avec accusé de réception ou sur place, à l'Inpi, accompagnée du règlement de la redevance de dépôt ;
• soit la déposer directement en ligne grâce à un paiement sécurisé.

Cette opération est payante. Il faut donc prévoir un coût minimal de :
• 40 euros par type de recherche de similarités sur le nom (dans le fichier des marques ou celui des noms de sociétés) ;
• 200 euros pour le dépôt en ligne ou 225 euros pour le dépôt papier remis par voie postale ou sur place, à l'Inpi.

1. Dossier de dépôt de marque à envoyer à : Inpi, bureau accueil et formalités, 26 bis, rue de Saint-Pétersbourg, 75800 Paris Cedex 08.

Ce coût pourra être plus élevé selon le nombre de produits et/ou de services concernés par la recherche et le dépôt.

Une fois enregistrée, la marque donne un monopole d'exploitation sur l'ensemble du territoire national pendant dix ans à compter du dépôt. Elle est indéfiniment renouvelable sous réserve du paiement, dans les délais impartis, de la redevance prescrite (au minimum 240 euros).

63. Communiquer avec Internet

La réussite d'une entreprise aujourd'hui ne dépend plus uniquement de son savoir-faire ou de la qualité de ses prestations ou produits. La communication est un facteur qui peut faire le succès ou l'échec de l'entreprise. C'est pour cette raison qu'un outil de communication tel que l'Internet permet de se démarquer de la concurrence.

L'Internet n'a pas de limites géographiques, il permet de créer une relation de proximité avec l'internaute et peut délivrer des informations en temps réel. Voilà au moins trois bonnes raisons pour réfléchir à la construction de votre site.

Les règles d'or pour la construction d'un site Internet :
- en premier lieu, l'internaute doit trouver l'information qu'il recherche en quelques clics. Il faut pour cela que les qualités globales de votre entreprise et de vos prestations soient visibles rapidement ;
- en deuxième lieu, votre site doit être convivial, vivant et efficace. Outre un travail sur la forme, cela passe aussi par un travail d'actualisation. C'est en sentant que les informations sont renouvelées régulièrement que l'internaute portera de l'intérêt à votre activité ;
- en troisième lieu, n'oubliez pas de mettre en évidence les liens où l'on peut vous contacter. Un potentiel client qui met plus de cinq secondes à chercher un numéro de téléphone est un client que vous risquez de perdre ;
- en dernier lieu, sachez que l'existence de votre activité sur les réseaux sociaux peut vous permettre une grande publicité. Viadeo, Facebook, Linkedin, Twitter... sont des lieux de rencontre des marques avec les personnes. Votre marque doit elle aussi devenir une personne qui répond et dialogue. Elle peut ainsi aider les gens à évoluer et les gens l'aider à grandir. Jamais les marques n'ont tant progressé que depuis qu'elles sont soumises aux critiques.

▶ **Attention** : la construction d'un site Internet dans un cadre professionnel ne peut admettre l'amateurisme. Faire appel à un professionnel peut constituer un réel investissement à long terme.

64. Etre présent sur les réseaux sociaux

Le réseau est fondamental pour les entreprises qui démarrent. « Réseauter » veut dire aller à la rencontre des gens que l'on connaît ou que l'on ne connaît pas, pour se faire connaître ou faire connaître son entreprise.
La notion de réseau englobe toutes les personnes que vous pouvez rencontrer en fonction de votre objectif. Le réseau est, de ce fait, potentiellement immense. Ce qui est important, c'est d'entrer en contact avec des gens identifiés en fonction de vos projets ou de votre activité.

Comment monte-t-on un réseau ?

Il faut se méfier de l'idée selon laquelle il y aurait des réseaux constitués et qu'il suffirait de s'appuyer sur eux pour vous faire connaître. Le réseau qui vous sera le plus efficace sera le réseau que vous aurez construit vous-même en fonction de votre objectif.
Attention, le réseau ne se passe pas uniquement sur Internet. Il faut se servir de cet outil comme un accélérateur, un facilitateur de *networking*, mais à un moment donné, il faut savoir rencontrer les gens, et cela le plus vite possible.
• Le site professionnel Viadeo est incontournable.
• Facebook est un réseau plus personnel qui permettra à votre activité, votre marque, d'échanger avec les gens. En entrant en contact avec des personnes, votre activité deviendra elle-même une personne. Cette démarche est très en vogue actuellement dans la stratégie publicitaire des petites et grandes enseignes.
• Si votre entreprise a un profil international, le site Linkedin est approprié.
• Twitter permet de poster des messages courts ; il peut s'avérer très efficace pour communiquer sur de nouveaux services ou un nouveau produit.

Quels sont les avantages de ces sites Internet ?

• Etre visible.
• Aller à la recherche de personnes à rencontrer, en activant la fonction « recherche » (sur un moteur de recherche donné) par des mots-clés. Cela peut être des noms d'entreprise, des mots sur le métier, des mots sur des spécificités, etc.
• Accéder à une communauté du même métier.

▶ **Attention** : il ne faut pas démultiplier les contacts dans tous les sens. L'essentiel, c'est la rencontre physique avec des gens qui sont soit de potentiels partenaires, soit de potentiels fournisseurs, soit des générateurs de client, voire des clients eux-mêmes !

65. Participer à des salons professionnels

La participation à un salon professionnel est une démarche qui peut faire partie de la stratégie de votre communication. Comment vous y prendre ?

Choisir le salon

Plus le salon que vous aurez choisi sera adapté à la « personnalité » de votre entreprise, plus vous aurez de retombées commerciales. Posez-vous la bonne question : à quel public souhaitez-vous vous adresser ? Renseignez-vous également sur le nombre de visiteurs du salon, son accès, sa réputation, etc.

Préparer le salon

Un salon se prépare jusqu'à plusieurs mois avant sa date d'ouverture :

- vous devrez choisir avec soin l'emplacement de votre stand (privilégier les allées passantes, prévoir un éclairage qui met en valeur le stand, etc.) ;
- votre identité visuelle devra être visible et facile à repérer (les affiches avec des textes interminables sont à éviter) ;
- procédez à un e-mailing (voir fiche 67) en invitant clients, fournisseurs, partenaires, annonceurs… Cette étape est essentielle pour le bon déroulement du salon ;
- prévoyez un budget en évaluant les frais d'exposition (location, frais d'inscriptions…), les frais de communication (affichages, envoi d'invitation, buffet…).

Le jour du salon

Il est primordial que votre argumentaire soit au point ; votre accueil sera plus chaleureux si vous accueillez le visiteur autour d'un verre ou d'une collation. Ne vous précipitez pas dans une démonstration avant d'avoir bien écouté et compris les besoins de votre interlocuteur. Il est également judicieux de mettre de la documentation à la portée du public.

L'après-salon

La réactivité est très importante après un salon.
Il ne faut pas laisser vos visiteurs sans nouvelles ; les contacter dans la semaine qui suit l'événement est de rigueur. Remercier vos contacts de leur visite en joignant une documentation ou en faisant suite à leur demande vous permettra de cibler une nouvelle clientèle, de nouvelles collaborations et véhiculera une image positive de votre entreprise.

66. Investir dans un calendrier électronique

Un calendrier électronique est un petit ordinateur, à peine plus grand qu'une calculatrice. On l'appelle également assistant de poche, organiseur, DPA (*digital personal assistant*) ou encore Palm. Tous sont conçus pour inscrire ses rendez-vous, mémoriser ses adresses, noter les événements à ne pas manquer, lister des tâches à venir, mais les fonctionnalités de l'agenda électronique ont évolué : les modèles actuels offrent pratiquement toutes les potentialités des ordinateurs de bureau (traitement de texte, tableur...).

Chaque agenda a une carte mémoire sur laquelle on peut installer des logiciels payants ou gratuits : bases de données, dictaphones, GPS, etc., autant d'outils disponibles au téléchargement sur Internet. Le calendrier électronique offre également la possibilité de partager son calendrier avec d'autres agendas.

Ce petit ordinateur de poche est pratique à condition d'être bien adapté à vos besoins. Il existe actuellement sur le marché un vaste choix de formats et de modèles proposés par plusieurs fabricants. Il faut compter entre 240 et 650 euros pour un agenda électronique performant et de qualité. Informez-vous auprès de la boutique électronique la plus proche de chez vous.

▶ **Attention** : l'utilisation de l'agenda électronique n'est pas aisée au départ. Mieux vaut dans les premiers temps conserver votre agenda papier en secours.

67. Mettre en place un système d'e-mailing

L'e-mailing est un outil de communication efficace, rapide et peu coûteux pour générer une nouvelle clientèle. Pour que ce type d'opération soit au point, il faut respecter quelques principes.

Base de données

La constitution d'une base de données est l'étape indispensable à l'envoi d'un e-mailing. Qualifier au mieux vos données clients sur une base vous permettra un ciblage précis du public que vous souhaitez approcher. Il faudra donc veiller à actualiser régulièrement cette base de renseignements.

Personnalisation de votre message

La personnalisation du message est primordiale dans ce type d'opération. Il faut penser à personnaliser le contenu mais également l'objet. Votre message ainsi « adressé » aura un caractère moins commercial. Cette technique nécessite néanmoins un important investissement de temps. Attention : il est fortement recommandé de tester d'abord votre message sur un petit nombre de cibles avant de procéder à des envois plus importants.
Votre message peut être envoyé au format texte, mais également à travers un autre format comme celui de la vidéo par exemple. Ce média peut parfois se révéler plus percutant et plus convivial. Mais attention au téléchargement, qui ne doit prendre que quelques secondes.

Outil de mesure

Grâce à l'e-mailing, vous pouvez connaître très rapidement les informations suivantes :
- nombre d'e-mails envoyés ;
- nombre d'e-mails non aboutis ;

- nombre d'e-mails reçus ;
- nombre d'e-mails ouverts ;
- nombre de *forward* (renvoi du message à un proche) ;
- nombre de clics ;
- nombre de désinscriptions.

Réactivité et faible coût

Alors qu'un mailing postal génère des retours après deux ou trois semaines, l'e-mailing, lui, fournit des résultats en trois jours. Il faut également savoir que la réalisation d'une telle campagne est moins coûteuse qu'une opération de publipostage. Cet aspect de l'outil le rend abordable aux petites structures.

68. Acheter des espaces publicitaires

L'achat d'espaces publicitaires peut vous permettre :
• d'attirer une nouvelle clientèle grâce à la diffusion d'un message publicitaire ;
• de développer votre image de marque auprès de vos clients.
Afin d'optimiser l'impact de votre publicité, il est important que vous choisissiez le bon support pour sa diffusion. Il faut pour cela que vous meniez une réflexion en amont. Si vous recherchez en premier lieu à atteindre une clientèle locale, les sites des journaux locaux sont par exemple un très bon vecteur. Il existe un certain nombre de supports – presse, radio – pertinents selon la cible choisie, mais nous n'évoquerons dans cette fiche que l'achat d'espaces publicitaires sur Internet.

Pour acheter un espace publicitaire sur Internet, il faut au préalable faire une liste des sites sur lesquels votre activité est susceptible d'être mise en valeur. Vous pouvez cibler par affinités, en publiant des annonces sur un site dédié aux enfants ou aux femmes, ou choisir d'apparaître uniquement dans certaines rubriques d'un site.
Dans tous les cas, prenez bien en compte la présentation du site (est-ce que vous voulez être associé à l'image de ce site ?), la démographie du site (est-ce ces visiteurs que vous souhaitez cibler ?), le trafic du site (renseignez-vous sur le nombre de clics par jour), la notoriété du site (est-il reconnu comme une référence ?).
La plupart des sites qui diffusent des bannières sont liés à une régie. C'est généralement avec cette régie que vous négociez les tarifs. Pour évaluer un tarif, il faut prendre en compte la fréquentation du site (vérifiez le nombre de clics par mois par exemple) et le nombre de fois où votre bannière apparaîtra sur le site.
Certaines régies réalisent les bannières, mais vous pouvez aussi vous adresser à un graphiste. Dans ce cas, et pour ne pas avoir de mauvaises surprises, il est impératif de faire préciser les formats de la bannière par la régie.

▶ **Bon à savoir** : il est indispensable que vous puissiez évaluer le succès ou non de votre campagne. Il vous faut pour cela demander à la régie publicitaire la possibilité de bénéficier d'un moyen de traçage de vos publications.

69. Répondre à un appel d'offres

Chaque filière métiers dispose de ses propres sources d'information. Il est donc très facile pour un libéral, à partir d'un moteur de recherche, et en tapant « marchés publics », de tomber sur le bon site. Puis il suffit de s'identifier en créant un mot de passe et un profil. Généralement, les appels d'offres sont repris dans des plateformes dématérialisées comme www.e-marchespublics.com ou http://site.dematis.com.

Si vous démarrez votre activité en libéral, il est impératif de s'associer à une société ayant déjà un chiffre d'affaires et gagné des marchés, car l'un des critères demandés par les collectivités est le chiffre d'affaires sur les trois dernières années.

Vous devez lire avec attention l'ensemble des documents qui sont en ligne : le cahier des charges technique et administratif. N'hésitez pas à contacter la collectivité et l'éventuel maître d'ouvrage. Vous pourrez ainsi connaître la fourchette du budget et le nombre de candidats sélectionnables, par exemple.

▶ **Attention** : répondre à un appel d'offres demande deux ou trois jours de travail à temps plein…

Vous devez soigner la méthodologie et la présentation de votre dossier. Valoriser vos références d'appels d'offres précédentes en les accompagnant par exemple de témoignages positifs de vos clients. Si l'appel d'offres ne comporte pas de date précise, vous devez relancer au bout de dix jours pour montrer votre motivation. Vous apprendrez ainsi où en est votre proposition, le nombre de réponses reçues, et s'il est prévu une audition des candidats présélectionnés.

En cas de refus, un courriel officiel est systématiquement envoyé sans toujours préciser les motifs du refus. Nous vous conseillons de contacter une nouvelle fois le maître d'ouvrage pour qu'il vous envoie le rapport d'analyse des offres (un document formel) ou, à défaut, qu'il vous indique les raisons de son choix, les conditions financières et le nom de la société retenue.

Si vous êtes présélectionné et que le maître d'ouvrage négocie un rabais commercial, à vous d'évaluer le pour et le contre. Mais dites-vous avant tout qu'un appel d'offres gagné appelle souvent d'autres marchés conquis.

70. Faire appel à des sous-traitants

Généralement, la sous-traitance repose sur une relation tripartite : l'entreprise cliente (le maître d'ouvrage) choisit le donneur d'ordre (maître d'œuvre) pour réaliser les travaux conçus par le sous-traitant. C'est le type de relation mise en place pour les gros ouvrages industriels ou de BTP.
Mais, contrairement à l'idée reçue, la sous-traitance ne se cantonne pas au monde de l'industrie et de la production.
Dans le milieu des professions libérales comme ailleurs, chaque société se concentre sur son activité principale, son cœur de métier, et sous-traite des activités qui ne sont pas essentielles ou stratégiques pour son développement, bref, qui ne produisent pas de revenus : le secrétariat, l'informatique, les fiches de paie, la comptabilité, la fiscalité, le marketing, la communication, voire le ménage. Il est possible d'utiliser les services de télétravailleurs indépendants comme les télésecrétaires en allant sur le site www.teletravail.fr, de solliciter des agences qui les recrutent pour vous, de faire appel à un télécentre ou des cabinets spécialisés. Mais, dans tous les cas de figure, vous devez signer un contrat qui précise notamment la définition du service attendu, l'exécution de la prestation dans le délai imparti et la rémunération de cette prestation. Faire appel à des sous-traitants comporte de nombreux avantages.
Vous avez accès à un personnel qualifié et spécialisé à moindre coût car vous ne le payez que le temps d'une mission ponctuelle. Entre deux missions, vous économisez des charges fixes sur les salaires et les charges sociales. Vous réduisez vos coûts de production car vous évitez d'investir dans le matériel ou le savoir-faire des sous-traitants. Et vous pouvez négocier des prix plus bas. En contrepartie, vous instaurez un lien de dépendance et vous êtes parfois dépossédé d'informations confidentielles. Il est préférable par exemple d'utiliser un logiciel mis à votre disposition pour saisir les fiches de paie plutôt que de sous-traiter leur gestion.

▶ **Notre conseil** : en cas de sous-traitance, quand on ne peut pas faire autrement, il faut bien s'assurer que le sous-traitant est au moins aussi bon que soi-même. Se faire une mauvaise publicité à cause d'un sous-traitant qui n'est pas compétent, c'est assez agaçant. Si possible, il vaut mieux dire la vérité au client quand on sous-traite.

71. Recruter un collaborateur

Il faut tout d'abord bien analyser les raisons qui vous conduisent à recruter un collaborateur puis identifier le profil avec le plus de précision possible en établissant un maximum de critères.
Ces critères permettent d'élargir le panel de candidats. Pour déterminer ce profil, inspirez-vous des offres d'emploi de votre secteur d'activité diffusées sur Internet, dans la presse magazine ou la presse spécialisée et étudiez le libellé des annonces.

Il ne vous reste plus qu'à la personnaliser en valorisant votre société. N'hésitez pas à donner la courbe de croissance de votre chiffre d'affaires (si c'est le cas bien sûr). C'est un élément déterminant qui attire les candidats car ils ont l'image d'une société ou d'une activité en développement et peuvent supposer une évolution future du poste.

Comme vous allez recevoir de nombreuses propositions, toutes *via* Internet, il faut créer une messagerie spécialement dédiée au recrutement.

La deuxième étape consiste à trier, sélectionner les candidatures. Pour éviter toute subjectivité, établissez une grille avec les « + » et les « – » de chaque CV. Ne retenez pas les CV de candidats surdiplômés, trop expérimentés pour le poste proposé ou *a contrario* ceux qui ne correspondent pas à vos critères majeurs. Mais faites preuve d'une certaine souplesse, car rares sont les CV qui répondent à tous les critères de l'annonce. Convoquez rapidement en entretien les candidats qui cumulent expérience, compétences, et disponibilité, avant qu'ils filent à la concurrence. Ne pratiquez pas l'entretien seul. Faites-vous assister d'un associé ou du supérieur hiérarchique du futur collaborateur. N'hésitez pas à présenter de la documentation sur votre société aux candidats pour provoquer leurs remarques. Ce recrutement vous aura pris énormément de temps : soixante-dix heures en moyenne pour un cadre. Si vous n'avez pas de temps à perdre et acceptez de payer, confiez votre campagne de recrutement à un cabinet spécialisé dans le placement. *A contrario*, si vous débutez dans votre activité, soyez malin, consultez les fichiers des dernières promotions des écoles dans votre secteur professionnel ou déplacez-vous le temps d'un week-end à un forum pour l'emploi.

72. Faire appel à un auto-entrepreneur

Il faut faire très attention ! Faites appel à un auto-entrepreneur pour une prestation, non pour éviter une embauche d'un nouveau salarié. L'auto-entrepreneur est un travailleur indépendant non salarié. S'il est prouvé l'existence d'un lien de subordination (comme entre salarié et employeur) le contrat de prestation est requalifié en contrat de travail avec paiement des salaires, heures supplémentaires éventuelles, primes, congés, correspondant à un poste de salarié équivalent, cotisations sociales, dédommagement pour le préjudice subi, amende de 45 000 euros et jusqu'à trois ans d'emprisonnement pour travail dissimulé.
Si vous bénéficiez d'un surcroît d'activité, l'embauche d'un salarié en CDD ou en intérim va générer des frais, contrairement à l'auto-entrepreneur, car vous ne payez aucune charge ni aucune cotisation.

Pour le choisir, d'abord, renseignez-vous. Assurez-vous qu'il est bien enregistré au registre national et vérifiez son ancienneté dans ce statut. Interrogez-le sur son activité, sa façon de travailler, sur sa disponibilité (est-ce une activité secondaire ou unique ?), sur ses délais de réponse pour vous assurer qu'il correspond bien à ce que vous recherchez. N'hésitez pas à lui demander deux ou trois contacts de clients récents pour lesquels il a effectué des prestations similaires. Dans le contrat, établissez un cahier des charges avec conditions, délais (prenez une marge de sécurité) et montant de la commande pour réaliser cette prestation afin d'éviter toute mauvaise surprise. Si, hélas, le travail rendu ne correspond pas à la commande passée, demandez à l'auto-entrepreneur de corriger les parties non conformes. Pour autant, les clauses du contrat ne sont pas modifiées. Si l'auto-entrepreneur n'est pas capable de modifier son travail ou si les délais supplémentaires sont préjudiciables à votre activité, négociez une remise. Les honoraires facturés seront non assujettis à la TVA mais non déductibles si vous la payez.

73. Rédiger un contrat de travail

Le contrat de travail est nécessaire dès qu'il existe un lien de subordination entre un salarié et son employeur. Il implique des obligations à respecter entre les deux parties. Tous les salariés dès l'âge de 18 ans peuvent signer un contrat de travail avec une personne physique (entrepreneur individuel) ou une personne morale (SARL par exemple). Tous les contrats de travail classiques doivent être écrits. Seul le CDI à temps complet peut être non écrit. Il est alors considéré comme oral, verbal ou tacite. Mais c'est très théorique, car la jurisprudence considère qu'en l'absence de contrat de travail, le salarié est engagé définitivement sans période d'essai dès son premier jour. Alors prenez le temps de bien rédiger le contrat de travail.

Voici les éléments indispensables qui doivent figurer sur un Contrat à durée indéterminée (CDI) d'après le ministère du Travail :

- la nature du contrat ;
- la raison sociale de l'employeur, son adresse, son numéro de Siret ;
- le nom, le prénom, la nationalité, le numéro de Sécurité sociale du salarié ;
- la date d'embauche, le lieu de travail, la durée de travail ;
- la dénomination de l'emploi ;
- le salaire de base (salaire brut) et les différentes primes ou avantages en nature ;
- les modalités de la période d'essai ;
- l'intitulé de la convention collective appliquée ;
- le nom et l'adresse de la caisse de retraite complémentaire et ceux de l'organisme de prévoyance ;
- la référence et le numéro de l'organisme auquel l'employeur verse les cotisations de Sécurité sociale ;
- la signature du salarié et de l'employeur sur les deux exemplaires du contrat précédée de la mention « lu et approuvé ».

Mais il est de plus en plus fréquent, en accord avec les deux parties, d'inclure des clauses de non-concurrence, d'exclusivité, de mobilité, d'objectifs...

Ce contrat doit être transmis au salarié au plus tard dans les deux jours ouvrables qui suivent la date d'embauche et rédigé en français car conclu en France.

En tant qu'employeur, votre travail ne s'arrête pas là. Dans les trois jours qui suivent le recrutement, sous peine de sanctions, vous devez remplir une Déclaration unique d'embauche (DUE) adressée à l'Urssaf, qui avertira toutes les caisses de cotisations du nouveau salarié. En cas de première embauche, il faut même informer l'inspection du travail par lettre recommandée avec accusé de réception.

74. Etablir un CDD

L'emploi d'un salarié en Contrat à durée déterminée (CDD) est strictement encadré par la loi.
Assurez-vous que le recours à un salarié en CDD entre dans les différents cas de figure classiques. A savoir :
- le remplacement d'un salarié ;
- l'accroissement temporaire de l'activité habituelle de l'entreprise.

Mais quel que soit le cas, vous établirez un « CDD à terme précis », avec une durée maximale clairement définie, ou un « CDD à terme incertain », qui prend fin lors d'un événement prévu au départ mais pas avant la durée minimale choisie par les deux parties.

Le remplacement d'un salarié titulaire du poste

Le remplacement d'un salarié titulaire du poste (qui peut lui aussi être en CDD) concerne les situations suivantes, avec comme durée selon le type de CDD conclu :
- l'absence temporaire : 18 mois maximum ou fin de l'absence ;
- le passage provisoire à temps partiel : 18 mois maximum ou fin du temps partiel ;
- le départ définitif précédant la suppression de son poste : 24 mois maximum ;
- l'indisponibilité momentanée avant son arrivée en CDI dans l'entreprise : 9 mois maximum ou arrivée du salarié ;
- le remplacement spécifique (personne exerçant une profession libérale, associé non salarié d'une société civile professionnelle, d'une société civile de moyens, d'une société d'exercice libéral, pharmacien ou directeur de laboratoire d'analyses de biologie médicale) : 18 mois ou fin de l'absence.

L'accroissement temporaire de l'activité habituelle de l'entreprise

L'accroissement temporaire de l'activité habituelle de l'entreprise (au sens large) prévoit quatre possibilités avec uniquement un CDD à terme précis :

• l'accroissement temporaire : avec un CDD de 18 mois maximum ;
• une commande exceptionnelle à l'exportation : avec un CDD de 6 mois minimum et 24 mois maximum ;
• des tâches occasionnelles précisément définies et non durables (informatisation d'un service...) : 18 mois maximum ;
• travaux urgents nécessités par des mesures de sécurité : 9 mois maximum.

A noter qu'il existe également un CDD auquel personne ne pense ou presque : le CDD senior, qui peut s'avérer très avantageux pour votre activité. Si ce futur salarié a au moins 57 ans et est demandeur d'emploi depuis plus de trois mois, vous pouvez le conserver jusqu'à 36 mois sur un emploi permanent. Dans tous les cas, le CDD doit être conclu par écrit et signé par les deux parties dans les quarante-huit heures qui suivent la date de début du contrat.

75. Accueillir un stagiaire

Un stagiaire est utile à votre activité si vous lui êtes utile. Il faut le considérer comme un salarié en puissance. Vous devez donc bien identifier au départ votre besoin, en établissant une feuille de route avec des missions à accomplir pour le rendre opérationnel afin qu'il vous apporte quelque chose. Le mieux est d'établir un profil : quelle école, quelle formation vous paraît la plus adaptée ? Ensuite, faites-lui passer un entretien comme un entretien d'embauche. Présentez-lui la société ou l'entreprise comme si c'était un nouveau salarié. Faites-lui confiance tout en suivant régulièrement l'état d'avancement des activités que vous lui avez confiées : réalisation d'un fichier clients, d'une mini-étude de marché, mise en place de nouveaux outils de gestion ou de vente, préparation d'un événement... Consacrez-lui du temps une fois par semaine pour faire le point sur ce qui va bien et sur les points à améliorer. Effectuez une évaluation à mi-stage (l'occasion pour le stagiaire de connaître précisément l'image et l'opinion que vous avez de lui), puis une en fin de stage. Un stagiaire motivé, impliqué, a réussi sa mission et vous a aidé à avancer dans votre activité. Si votre société est en développement, vous avez stratégiquement intérêt à investir dans un stagiaire qui pourra devenir un salarié puisque connaissant déjà le mode de fonctionnement de l'entreprise.

Si vous démarrez votre activité et n'êtes pas encore en phase de recrutement, ayez à l'esprit que ce stagiaire doit vous quitter en ayant la meilleure image possible de votre activité. Une image qu'il va répercuter auprès de ses anciens camarades de promotion.

76. Recruter *via* l'alternance

Recruter *via* l'alternance est une bonne idée et est très avantageux fiscalement.

Comment ça marche ?

L'alternance comprend le contrat d'apprentissage et de professionnalisation (contrat majoritairement utilisé par les professions libérales).

En moyenne, 5 000 à 7 000 contrats de professionnalisation sont conclus dans le secteur libéral.
Ces contrats sont financés par l'OPCA PL : l'Organisme paritaire collecteur agréé des professions libérales (www.opcapl.com). Créé en 1987 à l'initiative des partenaires sociaux, cet organisme collecte et gère les contributions des entreprises (600 000) versées pour la formation professionnelle de leurs salariés.

Le contrat de professionnalisation adapté à votre secteur d'activité permet de recruter un jeune de 16 à 25 ans révolus ou un demandeur d'emploi de plus de 26 ans, en CDI ou en CDD de 6 à 24 mois lorsque l'alternant prépare un BTS par exemple. Il couvre tous les niveaux de formation du CAP au diplôme d'ingénieur (brevet professionnel, bac pro, BTS, licence pro, master pro) et attire de plus en plus des candidats de valeur.

Le salarié travaille en moyenne quatre jours par semaine au sein de votre entreprise pour une journée en centre de formation.
Le temps de formation (150 heures minimum) doit représenter entre 15 % et 25 % de la durée du contrat.

Ce collaborateur en formation est accompagné d'un tuteur volontaire qui transmet son savoir-faire.

Quelle est la rémunération du salarié ?

La rémunération est calculée en fonction de l'âge, du niveau de formation et des accords de branche. Par exemple, un jeune de moins de 26 ans qui prépare un diplôme de niveau III (bac + 2) perçoit un salaire au moins égal à 90 % du Smic. Pour une personne de plus de 26 ans, la rémunération est au moins le Smic. Durant son contrat de professionnalisation, l'alternant bénéficie de la même protection sociale (Sécurité sociale, assurances chômage…) et des congés que les autres salariés de l'entreprise.

Fiscalement, le recrutement d'un salarié en alternance est très intéressant pour vous. L'OPCA PL prend en charge les frais de formation, (à condition de leur transmettre le contrat de travail dans les cinq jours qui suivent le recrutement), vous percevez des aides à l'embauche de l'Etat (voir fiche 78) et êtes exonéré des charges patronales.

77. Choisir l'intérim

L'intérim est un bon moyen d'avoir très rapidement, parfois même en urgence, du personnel pour tout niveau de qualification sans alourdir votre masse salariale. Vous ne perdez pas de temps à effectuer un recrutement. Il suffit de vous adresser à des agences spécialisées en indiquant le profil des candidats recherchés, la nature et la durée de la mission. Il en va de leur crédibilité de choisir du personnel qui a déjà fait ses preuves.
Généralement, vous avez les intérimaires envoyés en renfort à l'occasion d'un surcroît d'activité sur des fonctions classiques : livreur, secrétaire, enquêteur, prospecteur... Et les « entre-deux » : ceux recrutés en vue d'une prochaine embauche dans un service en développement.

A leur arrivée, vous devez placer les intérimaires dans les meilleures conditions possibles. Prenez le temps de les accueillir, de les présenter à vos collaborateurs dans les différents services, et veillez à ce qu'ils disposent tout de suite de toutes les informations et outils nécessaires pour être d'une efficacité maximale. Choisissez un tuteur ou constituez des binômes pour éviter qu'ils passent leur temps à poser des questions. Intégrez-les si possible dans les réunions. Et soyez tenu informé quotidiennement du bon déroulement de leur mission.
Mais ayez à l'esprit qu'il existe des « intérimaires » d'un nouveau genre. De plus en plus d'entreprises font appel à du personnel de très haut niveau, d'anciens cadres supérieurs, pour assurer des missions spécifiques et ponctuelles. Vous avez les « spécialistes projet » et les « experts » à forte compétence dans un domaine qui parfois fait défaut à l'entreprise. Certains se font appeler « consultants » et exercent en indépendant.

78. Connaître les différentes aides à l'embauche

Pour les professions libérales, les aides à l'embauche concernent le contrat d'apprentissage et le contrat de professionnalisation.

Pour le premier contrat vous bénéficiez d'une indemnité compensatrice forfaitaire versée par la région (montant minimal : 1 000 euros par an), d'un crédit d'impôt de 1 600 euros par apprenti, et d'une exonération totale ou partielle des cotisations sociales suivant la taille de l'entreprise.
Si l'apprenti est handicapé, vous percevrez une subvention forfaitaire versée par l'Agefiph (l'Association de gestion du fonds pour l'insertion professionnelle des personnes handicapées) de 3 400 euros pour les moins de 45 ans et 6 800 euros pour les plus de 45 ans par période de 12 mois.

Pour le contrat de professionnalisation, les différentes aides dépendent de l'âge et du profil (handicapé ou non) :
• moins de 26 ans : réduction Fillon (réduction dégressive des cotisations patronales de la Sécurité sociale pour les salaires ne dépassant pas 1,6 fois le Smic, pour toute entreprise relevant du régime assurance chômage). Subvention forfaitaire de 1 700 euros par période de 6 mois pour un salarié handicapé ;
• de 26 à 44 ans : réduction Fillon plus Aide forfaitaire à l'employeur (AFE) de 200 euros par mois plafonnée à 2 000 euros versée par Pôle Emploi. Pour le salarié handicapé, la subvention forfaitaire reste de 1 700 euros par période de 6 mois ;
• de 45 ans et plus : exonération des charges patronales à l'exception des accidents du travail et des maladies professionnelles. Pôle Emploi verse une aide de 2 000 euros pour l'embauche d'un demandeur d'emploi cumulable avec l'AFE. Pour le salarié handicapé, la subvention forfaitaire passe à 3 400 euros par période de 6 mois.

Dans tous les cas de figure, vous bénéficiez, sur les contrats à durée déterminée, de la dispense de versement de l'indemnité de précarité et de la contribution « 1 % Cif-CDD », le versement par l'OPCA PL (Organisme paritaire collecteur agréé des professions libérales) d'une aide de 1 380 euros pour le tutorat sur les contrats prioritaires et la non-prise en compte du salarié pour le calcul des seuils d'effectif.

79. Comment fonctionnent les congés payés ?

Tout salarié a droit aux congés payés quels que soient son emploi, sa qualification, son contrat (à temps partiel comme à temps complet) et son horaire de travail à une condition : avoir effectué chez le même employeur dix jours de travail effectif ou assimilé (loi n° 2008-789 du 20 août 2008).

Que dit la loi ?

Le salarié a droit à 2,5 jours de congé par mois de travail effectif, soit 30 jours ouvrables de repos, soit 5 semaines – le minimum légal, certaines conventions collectives en octroyant davantage au fil de l'ancienneté – pour une année complète du 1er juin au 31 mai (période de référence).

▶ **A noter** : les périodes de congés payés, de repos hebdomadaires, de congé de maternité et d'adoption, d'arrêt de travail pour maladie professionnelle ou accident du travail (dans la limite d'un an ininterrompu), de congé de formation sont considérées comme périodes de travail effectif.

Quel est le montant de l'indemnité de congés payés ?

Elle est égale à 10 % des salaires bruts (primes comprises) perçus par le salarié pendant la période de référence. Elle doit figurer, avec les dates, sur le bulletin de paie.

Comment calcule-t-on le nombre de jours de congés payés ?

4 semaines ou 24 jours de travail équivalent à 1 mois de travail effectif.

En cas d'absence pendant la période de référence, on applique le décompte en jours ouvrables (hors dimanches et jours fériés) le plus favorable au salarié :
• le décompte par mois, soit 2,5 jours de congé ;
• le décompte en semaines, 4 semaines ou 2,5 jours de congé ;
• le décompte en jours, 2,5 jours pour une période de : 24, 22 ou 20 jours travaillés. Soit : 6 jours, 5,5 jours ou 5 jours de travail.

Le nombre de jours est toujours arrondi au chiffre supérieur.

Comment se répartissent les périodes de congés payés ?

Durant la période légale (du 1er mai au 31 octobre) du congé principal, le salarié est autorisé à prendre au maximum quatre semaines consécutives (24 jours ouvrables).
La cinquième semaine est donnée à part.

Un congé de deux semaines (12 jours ouvrables) doit être continu. Au-delà de deux semaines il peut être fractionné par l'employeur avec l'accord du salarié.

Qui choisit la date des congés payés ?

L'employeur doit communiquer au salarié la date des congés et les afficher au moins un mois à l'avance, sauf circonstances exceptionnelles. De nombreux cas particuliers sont pris en compte dans les différentes conventions collectives.

80. Manager un ou plusieurs collaborateurs

Suivant la taille de votre entreprise, vous êtes amené à manager un ou plusieurs collaborateurs. Dans tous les cas, vous devez mettre en valeur ce ou ces collaborateurs. Pour y arriver, nous n'allons pas vous délivrer des recettes toutes faites mais bien quelques techniques de management qui ont fait leurs preuves en entreprise.

Miser sur le dialogue et la relation de confiance

Ne leur imposez pas vos décisions. Provoquez l'échange, la discussion. Faites-leur part de vos réflexions, qui vous ont conduit à prendre ces décisions pour assurer le développement de votre entreprise. C'est le meilleur moyen pour qu'ils en comprennent la logique et ses incidences.

Stimuler leur motivation et leur implication

Au lieu de vous contenter d'expliquer vos projets futurs pour pérenniser l'entreprise, lancez-leur un défi à relever, du style : « Si vous étiez à ma place, quelles seraient vos idées, vos plans d'actions pour faire face à la concurrence en période de crise ? » Une façon originale de les associer à la pérennisation de l'entreprise.

Savoir reconnaître leurs efforts et leurs réussites par des gestes forts

Si l'objectif du chiffre d'affaires est atteint bien avant la fin de l'année, n'attendez pas pour leur octroyer une prime ou une participation aux bénéfices.

Soigner les relations sociales

Instaurez par exemple un petit déjeuner hebdomadaire de travail qui va renforcer les liens. Il faut que vos collaborateurs aient le sentiment d'appartenir à un groupe, une famille.

S'adapter à leurs personnalités et à leurs attentes

Acceptez les horaires décalés ou le télétravail, qui permettront à vos collaborateurs de conjuguer plus facilement vie professionnelle et vie privée.

Donner des perspectives de carrière

Il faut qu'ils aient le sentiment, après avoir fait leurs preuves, de pouvoir progresser professionnellement. Pour cela, un seul moyen : investir dans la formation continue.

En conclusion, déployez beaucoup de psychologie au quotidien, pour mieux faire passer les moments de fermeté.

81. Transformer une entreprise individuelle en société

Deux solutions sont possibles mais, suivant celle choisie, vous ne bénéficierez pas du même régime fiscal.

Première solution

Apporter le fonds de commerce (actif et passif) de l'entreprise individuelle comme capital dans la nouvelle société. Il s'agit d'apports purs et simples qui sont échangés en titres (parts sociales ou actions) et d'apports à titre payant rémunérés (obligations, espèces, passif) exonérés de droit d'enregistrement à condition de les conserver trois ans. En revanche, les immeubles achevés depuis moins de cinq ans et les terrains à bâtir sont soumis au droit fixe d'enregistrement et les marchandises neuves, apportées en même temps que le fonds de commerce, à la TVA.

▶ **Attention** : la valeur du montant en nature influe sur le montant total et le pourcentage du capital social que vous détiendrez, ce qui rend parfois obligatoire l'intervention d'un commissaire aux apports.
Vous devrez payer immédiatement l'impôt sur le revenu sur les bénéfices réalisés. Il est possible sous certaines conditions de profiter d'un report d'imposition sur les plus-values professionnelles.

Deuxième solution

Vendre son fonds de commerce (clientèle, droit au bail, marque, matériel, stock...) à la société créée. L'intervention d'un avocat ou d'un notaire est recommandée pour la rédaction de l'acte de vente, qui peut se faire avant ou après l'immatriculation de la société. Dans ce cas de figure, il est facile d'obtenir la majorité du capital social, car la répartition est libre.
Cette solution est avantageuse pour les deux parties. La nouvelle société pourra déduire sur sa déclaration d'impôt les intérêts de

l'emprunt contracté pour l'achat du fonds de commerce, dont le cédant peut lui-même procéder à l'évaluation. Fiscalement, il sera immédiatement imposé sur les bénéfices, mais pourra être exonéré des plus-values professionnelles sous certaines conditions. Enfin, il reversera aux impôts une quote-part de la TVA déduite sur les matériels acquis depuis moins de quatre ans.
La nouvelle société paiera des droits d'enregistrement sur le montant de la vente : 3 % entre 23 000 euros et 200 000 euros, 5 % au-delà de 200 000 euros déductibles des impôts sur les sociétés et la TVA sur le stock de marchandises si le cédant est assujetti.

82. Se former, c'est possible

Se former, c'est possible pour tout le monde et obligatoire pour certains professionnels : médecins, architectes, experts-comptables, avocats...

Comment ça marche ?

Il suffit d'être inscrit à l'Urssaf comme profession libérale et de cotiser pour la formation professionnelle. Le taux de cette cotisation s'élève à 0,15 % du plafond annuel de la Sécurité sociale (Pass : 35 252 euros en 2011), soit 53 euros ou 0,24 % (84 euros) si vous avez un conjoint collaborateur ou conjoint associé. L'Urssaf la reverse au Faf : Fonds d'assurance formation.
Les médecins dépendent du Faf-PM : Fonds d'assurance formation de la profession médicale (www.fafpm.org) et tous les autres du Fif PL : Fonds interprofessionnel de formation des professionnels libéraux (www.fifpl.fr). Sur ce dernier site, vous aurez un contact pour chaque profession.

Quelles sont les formations proposées ?

Chaque année, les organisations syndicales déterminent les formations prioritaires (parfois à distance) liées à la pratique professionnelle. Elles sont de deux types : collectives et individuelles, courtes ou longues.

Quel est le montant de la prise en charge ?

Le montant de la prise en charge est modique quelle que soit la profession. Quelques exemples : 300 euros pour les médecins, 400 euros pour les avocats et les experts-comptables, 600 euros pour les architectes ou les interprètes.
Vous l'avez compris, dans les professions libérales, la formation provoque une perte de ressources pendant l'arrêt de votre activité.

Voilà pourquoi beaucoup de professionnels multiplient les sources de connaissances (ouvrages spécialisés, *newsletters* numériques, presse professionnelle, CD-rom) et les rencontres (congrès, salons professionnels) pour ne rien manquer des innovations dans leur secteur d'activité. Bref, une formation personnelle permanente.

83. Trouver un organisme de formation professionnelle

Avant toute chose, afin de trouver un organisme de formation professionnelle, vous devez identifier vos besoins en vous posant les bonnes questions : quelles sont les compétences recherchées ? Dois-je adapter ces compétences à l'évolution de l'activité ou en développer de nouvelles ?
Avant même de choisir votre organisme de formation professionnelle, veuillez consulter la liste des thèmes de formation financés par l'OPCA PL pour votre profession. Vous y trouverez les barèmes de prise en charge définis chaque année par vos représentants. Vous aurez ainsi une idée précise de ce qui restera à votre charge.

Voici quelques précieux conseils pour trouver le bon organisme :
• solliciter plusieurs organismes pour comparer les prestations pédagogiques et le coût de la formation ;
• mener une enquête. Depuis quand existe cet organisme ? Quelle est sa solidité financière ? Quelles sont les qualifications des formateurs ? Quelles méthodes utilisent-ils ? Quels sont les contenus des modules ?
▶ **A noter** : l'organisme doit détenir, c'est obligatoire, un numéro de déclaration d'activité délivré par la Direction régionale des entreprises, de la concurrence, de la consommation, du travail et de l'emploi (Direccte).
• demander à rencontrer les formateurs et à visiter les lieux de l'organisme sélectionné. C'est le meilleur moyen de s'assurer qu'il sera aisé de s'y rendre ;
• être vigilant avant de signer la convention. Vérifier qu'outre le numéro de déclaration d'activité, sont bien précisés les éléments suivants :
- le contenu de la formation détaillée par journée ;
- les dates ;
- la durée ;
- les horaires ;
- le nombre maximal de participants ;
- le coût horaire moyen (HT) par participant.

La signature de la convention engage les deux parties. Vous avez fait un pari sur l'avenir. Le manque à gagner de votre salarié qui ne produit plus doit être compensé par un transfert de compétences à son retour.

84. Qu'est-ce que le code Naf ?

Naf est un sigle qui signifie « nomenclature d'activités française ». Le code Naf, créé par l'Insee en 1993, a été révisé une deuxième fois en 2008.

L'Insee a rajouté un cinquième caractère (la lettre Z) pour que le code Nomenclature d'activités françaises (Naf) se différencie de celui de la Nomenclature d'activités de la Communauté européenne (Nace), resté à quatre chiffres. Le code Naf couvre 732 postes d'activités, de 0111Z (cultures de céréales à l'exception du riz, de légumineuses et de graines oléagineuses) à 9900Z (activités des organisations et organismes extraterritoriaux).

Aujourd'hui, on parle de code APE (Activité principale exercée) de la Naf révisée 2. Il est attribué par l'Insee d'après les informations déclarées par les entreprises dans leurs dossiers d'enregistrement. Cette codification concerne toutes les entreprises personnes physiques ou morales : professions libérales bien sûr, entreprises individuelles, sociétés commerciales, sociétés civiles, GIE, juniors entreprises, associations, etc. Même en cas d'activités multiples pour un entrepreneur, l'Insee n'attribue qu'un seul code APE mais différencie l'entreprise et ses établissements avec le code Apen – Activité principale exercée par l'entreprise – et Apet – Activité principale exercée par l'établissement. Ce code APE – qui figure impérativement sur les fiches de salaire – va déterminer la convention collective à appliquer, la caisse de retraite, les taux de cotisations...
Si vous estimez que ce code ne correspond pas ou plus à votre activité, récupérez le formulaire « demande de modification » à imprimer sur le site Internet de l'Insee et adressez-le par courrier à votre direction régionale. Ceux qui sont immatriculés depuis moins d'un mois peuvent les contacter directement par téléphone.

S'ASSOCIER

PARTIE IV

85. L'association : avantages et inconvénients

Pourquoi s'associer ? Essentiellement pour franchir un cap, car il est difficile de se développer seul en maîtrisant tout (gestion, droit, informatique...), et parce que cela comporte de nombreux avantages.

Les avantages de l'association

• L'apport de capital, qui solidifie vos finances, rassure votre banquier.
C'est aussi un gage de crédibilité face aux futurs partenaires commerciaux et investisseurs dans tous les projets que vous allez développer. L'argent appelle l'argent !
• La mise en commun de compétences complémentaires, de savoir-faire et de réseaux professionnels va vous amener de nouveaux clients.
Exemple : avocat en droit des sociétés, vous vous associez à un avocat pénaliste. C'est le meilleur moyen d'apprendre dans un autre domaine et d'acquérir une nouvelle spécialité.
• Le partage des risques, qui fait moins peur car il est le fruit d'une réflexion collective où il est plus facile de peser le pour et le contre.

L'association comporte aussi des inconvénients

• Un engagement difficile à défaire sur le plan financier, juridique, fiscal, pénal lorsque vous avez choisi votre structure.
• Une perte d'autonomie qui vous oblige à partager le pouvoir, les responsabilités et les bénéfices en faisant des concessions lors des assemblées générales ordinaires ou extraordinaires.
• Un pari humain sur l'avenir que vous ne maîtrisez pas. Comment savoir si vous resterez tous solidaires dans la difficulté – évitant les reproches mutuels – et tous unis dans le succès sans tomber dans la folie des grandeurs ? 35 % des échecs sont dus à une mésentente entre associés.

La structure juridique idéale n'existe pas. Toutes les associations ont leurs avantages et leurs inconvénients. A vous de limiter les risques, dès la rédaction des statuts et des contrats, en envisageant tous les cas de figure possibles.

86. Etablir les règles de l'association dès le départ : que mettez-vous en commun ?

▶ **Attention :** avant même de s'associer, il faut prendre quelques précautions.

Vérifiez la capacité juridique du futur associé. A-t-il déjà été dirigeant ? Fait-il l'objet d'une procédure collective pouvant aboutir à la vente de son patrimoine ? Tout va bien ? Vous voilà rassuré ? Vous pouvez maintenant envisager sereinement votre association en établissant des règles bien précises.

Il est temps de rédiger un contrat écrit pour définir les droits et les devoirs de chacun.
Selon l'association choisie, les associés mettront un peu, beaucoup ou énormément en commun.

• Le **contrat d'exercice en commun,** utilisé par des médecins (surtout des femmes mères de famille), permet de répartir les frais et surtout l'organisation du travail, des gardes, des vacances, des remplacements. Mais chaque praticien reste indépendant et responsable de ses actes.

• La **mise en commun des moyens** (locaux, personnel, matériel professionnel), pour réduire les frais, nécessite un apport en argent ou en nature sans perdre sa liberté d'exercice. Une structure juridique appelée Société civile de moyens (SCM, voir fiche 88).

• La **mise en commun des investissements immobiliers** avec la création d'une Société civile immobilière (SCI). Les associés acquièrent ou font construire un local professionnel dont ils assurent ensemble la gestion. Certains professionnels libéraux combinent la société civile immobilière avec la société civile de moyens.

• La **mise en commun des moyens et des honoraires**, choisie par de nombreux chirurgiens-dentistes qui ont de lourds investissements, assure une répartition équitable des recettes. Vous créez une

véritable communauté de travail et d'intérêt où chaque associé apporte de l'argent ou du matériel, ou de la clientèle, ou un droit au bail. Pour mettre en place ce mode de fonctionnement, il faut constituer un groupe d'exercice de fait : société de fait ou un groupe d'exercice de droit qui s'appelle Société civile professionnelle (SCP, voir fiche 89).
Tout ce que vous mettez en commun dépend de vos objectifs et de votre activité professionnelle.

87. Connaître la réglementation en matière d'association

Quelle que soit la forme juridique retenue – SARL (Société anonyme à responsabilité limitée, voir fiche 27), SA (Société anonyme, voir fiche 28), SCM (Société civile de moyens, voir fiche 88), SCP (Société civile professionnelle, voir fiche 89), SEL (Société d'exercice libéral, voir fiche 90) – la réglementation en matière d'association repose sur les mêmes éléments à connaître et nécessite de se poser un certain nombre de questions.

• **Les associés** : nombre minimal et maximal imposé ? Personnes physiques ou morales ? Membres de professions libérales ou pas nécessairement ?
• **Le capital** : minimum exigé ? Si oui, combien ? Quel type d'apport autorisé ?
• **La responsabilité des dettes sociales** : limitée aux apports dans le capital ? Ou indéfiniment et solidairement ?
• **La responsabilité civile professionnelle** : sur l'ensemble du patrimoine ou non ? Si oui, indéfiniment et solidairement ?
• **Le régime fiscal de la société** : quel type d'imposition sur les bénéfices ? Impôt sur le revenu ou sur les sociétés ? Et la TVA ? Assujettie ou non ? Exonération possible ?
• **Le régime social du gérant** (associé ou non associé) : travailleur non salarié ou assimilé salarié ?
• **Le régime fiscal du gérant** : quel type d'imposition sur sa rémunération ? Impôt sur le revenu ou impôt sur les sociétés ?

Voilà pour le socle de base.

Il faut maintenant s'attaquer à la rédaction des statuts de l'association. Vous devez penser à tout, anticipant les situations de blocage. Faites-vous aider par un cabinet d'avocats spécialisés en droit des affaires.

Ce sont les statuts qui déterminent entre autres :
• les pouvoirs et la limitation des attributions du gérant ;
• les règles de répartition des rôles, des dépenses et des recettes entre associés ;

• les décisions collectives ordinaires ou extraordinaires prises en assemblée à la majorité requise ou au *quorum* ;
• les conditions d'admission de nouveaux membres ;
• les modalités de cession ou de transmission de parts sociales (pour la SARL, la SCP, la SCM ou la Selafa) avec le mode de calcul.

C'est souvent ce dernier point qui pose problème. Le saviez-vous ?

Prévoyez une clause d'agrément des autres associés en cas de cession de parts d'un associé aux conjoints, ascendants et descendants. *A contrario*, s'il est marié sous le régime de la communauté de biens, prévoyez que le conjoint renonce à sa qualité d'associé.
Connaître la réglementation vous permettra de mieux choisir l'association qui comporte le plus de liberté et le moins de contraintes.

88. La Société civile de moyens (SCM)

La société civile de moyens est un cadre juridique réservé aux professions libérales réglementées ou non. Elle permet à ses membres de réduire leurs frais grâce à la mise en commun de leurs moyens : locaux, personnel, matériel.
Pour éviter les désagréments, il est recommandé de prévoir dans les statuts le mode de répartition des dépenses entre la société et les associés.

▶ **Attention** : cette structure ne sert pas à pratiquer une activité. Chaque associé exerce librement, de manière indépendante, et ne partage ni bénéfice ni clientèle.

Il faut au minimum deux personnes pour constituer une société civile de moyens. Mais la SCM peut très bien regrouper des associés « personnes physiques » et « personnes morales » responsables indéfiniment et conjointement.
Aucun capital minimal n'est exigé. Nul besoin pour la SCM d'avoir des capitaux propres puisqu'il s'agit simplement de partager les frais.
Mais chaque associé doit faire un apport en argent (le montant n'est pas nécessairement le même) ou en nature (mobilier, matériel professionnel ou immeuble).
Chacun des associés se voit attribuer des parts sociales en fonction de son apport.
La société est administrée par un seul ou plusieurs gérants (pénalement et civilement responsables, tous étant soumis au régime des travailleurs non salariés), qu'ils soient associés ou non.
Si aucun gérant n'a été désigné dans les statuts, tous les associés le sont automatiquement.
Suivant les statuts, les décisions collectives sont prises en assemblée à la majorité, ou *quorum*.
L'admission d'un nouvel associé, qui ne peut se faire sans l'accord des membres de la SCM, s'effectue par le rachat de parts sociales (imposées comme plus-values professionnelles) ou un apport en argent.
Cette admission est facilitée si vous aviez prévu dans vos statuts le retrait d'un associé.

Fiscalement, vous ne payez pas d'impôt sur les sociétés et il est possible d'être exonéré de la TVA sur les frais engagés. En revanche, la taxe professionnelle est établie au nom de chaque associé.

89. La Société civile professionnelle (SCP)

C'est une structure juridique ancienne, créée il y a quarante-cinq ans (loi du 29 novembre 1966) avec des décrets d'application spécifiques à chaque activité libérale.
Pour constituer une SCP, il faut donc exercer une profession libérale réglementée : administrateur judiciaire et mandataire liquidateur, avocat, avocat au Conseil d'Etat et à la Cour de cassation, avoué à la cour, commissaire aux comptes, commissaire-priseur judiciaire, greffier des tribunaux de commerce, huissier de justice, notaire, conseil en propriété industrielle, expert agricole et foncier, expert forestier, architecte, géomètre expert, médecin, directeur de laboratoire d'analyses de biologie médicale, chirurgien-dentiste, vétérinaire, masseur-kinésithérapeute, infirmier.
Il est impossible de créer une SCP pluridisciplinaire, c'est-à-dire regroupant plusieurs professions libérales.
Deux associés – uniquement des personnes physiques – suffisent pour constituer une SCP.
La loi n'exige aucun capital social minimal. Ce capital est constitué d'apports en numéraire ou en nature (matériel, clientèle, droit au bail).
La SCP est dirigée par un ou plusieurs gérants nommés dans les statuts ou un acte séparé et obligatoirement choisis parmi les associés. A défaut de désignation, tous les dirigeants (responsables civilement et pénalement) sont considérés comme gérants et soumis au régime social des travailleurs non salariés. Généralement, les décisions collectives sont prises en assemblée, à la majorité des voix des associés présents ou représentés et à la majorité des trois quarts de l'ensemble des associés pour les décisions extraordinaires.

Bonne nouvelle : vous ne payez pas l'impôt sur les sociétés mais vous êtes seulement imposable sur les bénéfices non commerciaux (recettes encaissées et dépenses payées).
Mauvaise nouvelle : dans cette structure juridique, en cas de dettes professionnelles, vous êtes responsable indéfiniment sur l'ensemble de vos biens personnels.

90. Sociétés d'exercice libéral (SEL)

Les sociétés d'exercice libéral sont des sociétés de capitaux créées pour les membres des professions libérales réglementées, protégées, et pour lesquelles un décret d'application a été publié. Toutes les professions citées dans la fiche 89 « La Société civile professionnelle (SCP) » peuvent exercer en Sociétés d'exercice libéral (SEL), mais la liste s'agrandit. Les experts-comptables, les pharmaciens d'officine, les sages-femmes, les pédicures podologues, les orthophonistes, les orthoptistes, les diététiciens et les psychomotriciens sont autorisés spécifiquement à choisir cette structure juridique. Les SEL se déclinent sous quatre formes différentes :

• la **SELARL** : Société d'exercice libéral à responsabilité limitée (elle peut être unipersonnelle) ;
• la **Selafa** : Société d'exercice libéral à forme anonyme ;
• la **Selas** : Société d'exercice libéral par actions simplifiée ;
• la **Selca** : Société d'exercice libéral en commandite par actions.

Il n'est pas possible de créer une SEL pluridisciplinaire, car les décrets d'application prévoient des spécificités pour chaque profession libérale.

Les SEL fonctionnent avec trois types d'associés :

• les associés qui exercent leur profession au sein de la société. Ils doivent détenir plus de la moitié du capital social et des droits de vote ;
• les professionnels extérieurs à la société ;
• les tiers non professionnels (interdit pour les professions juridiques), qui sont des personnes physiques ou morales. Le plafond de leur participation, qui ne peut dépasser 50 % du capital social de la SELARL, Selas ou Selafa, est fixé par décret en Conseil d'Etat pour chaque profession. Ce plafond est abaissé à un quart pour ceux qui exercent dans la santé.

Le nombre d'associés minimal varie selon les types de SEL (un pour la Selas, deux pour la SELARL, trois pour la Selafa et quatre, dont trois commanditaires au moins, pour la Selca). En termes de capital, rien n'est exigé pour la SELARL et la Selas ; en revanche, il faut minimum 37 000 euros pour créer une Selafa et une Selca. A noter que la responsabilité civile professionnelle est identique quelle que soit la forme de SEL choisie. Dans tous les cas, vous êtes personnellement responsable sur l'ensemble de votre patrimoine et celui de la société solidairement. La responsabilité des dettes sociales est limitée à votre apport dans le capital social, à l'exception de la Selca, où les commandités sont responsables indéfiniment et solidairement.

Pour toutes les SEL, vous paierez l'impôt sur les sociétés. En conclusion, l'énorme différence se situe au niveau de la cession des droits sociaux : la cession des droits sociaux est décidée à la majorité des trois quarts des porteurs de parts exerçant leur profession au sein de la SEL pour la Selarl, et à la majorité des deux tiers pour la Selas et la Selca. Pour la Selafa, la procédure d'agrément, plus contraignante, doit être déterminée dans les statuts : soit à la majorité des deux tiers des actionnaires ou du conseil d'administration.

91. Trouver un équilibre entre associés

Paradoxalement, il est plus facile de trouver un équilibre entre associés si vous avez d'abord établi des règles écrites.

En définissant de façon claire et précise les rôles et attributions respectives, chacun reconnaît les compétences complémentaires, l'autonomie et le pouvoir de l'autre. Cette répartition des missions évite les incompréhensions et favorise un climat de confiance.

Une confiance entretenue également par l'esprit de solidarité. Vous vous êtes engagés mutuellement, toujours par contrat, à assurer des heures supplémentaires pour remplacer l'autre associé malade ou accidenté, et à lui reverser sa part d'honoraires.

Une confiance qui repose enfin sur l'honnêteté dont vous avez fait preuve en imaginant le pire. Vous avez conclu un pacte d'actionnaires avec nomination d'un médiateur chargé de trouver une solution en cas de conflit, et même une clause d'exclusion de l'un ou de l'autre. C'est le meilleur moyen d'instaurer une relation de travail sans faux-semblants et sur des bases saines.

Mais l'équilibre parfois fragile, il est vrai, entre associés tient aussi à des valeurs communes de management et de comportement.

Il ne faut jamais montrer en public vos tiraillements, vos désaccords dans les prises de décision. Vous devez donner l'image d'une équipe unie vis-à-vis de vos collaborateurs, clients ou fournisseurs pour ne pas les démotiver.

En cas de problème, désamorcez de suite le conflit en privé, et faites preuve de franchise pour effacer tout malentendu et ne pas rompre l'équilibre entre associés.

92. Instaurer une charte de vie en groupe

Une charte de vie en groupe fixe les engagements des associés et des collaborateurs à respecter pour tirer l'entreprise vers l'excellence.
Que faut-il mettre dedans ? Voici les éléments essentiels d'une charte (liste non exhaustive) qui peuvent s'appliquer à tout secteur d'activité.

• Faire preuve de conscience professionnelle en toutes circonstances.
Si par exemple l'entreprise connaît un surcroît d'activité (surtout après une période creuse), ne pas rechigner à assurer des heures supplémentaires. Les intérêts de l'entreprise passent avant les intérêts personnels.
• Satisfaire le client.
Un impératif qui exige une rigueur et une patience de tous les instants. La survie de l'entreprise est à ce prix.
• Respecter la hiérarchie.
Toutes les décisions ne peuvent être prises de façon collégiale. Ce sont les associés qui tranchent.
• Assumer et reconnaître ses erreurs.
Les associés, sous le poids des responsabilités, ont aussi le droit de se tromper. Les salariés apprécieront cette remise en cause.
• Garder l'esprit d'équipe.
Cela renforce la cohésion du groupe, assure une meilleure productivité et favorise l'épanouissement professionnel.
• Etre ouvert au dialogue.
C'est une marque de respect à l'égard des autres collaborateurs.
• Respecter la confidentialité.
C'est obligatoire dans certaines professions. L'imposer est un engagement moral vis-à-vis de tous les clients.
• Signaler les conflits d'intérêt.
Tout salarié doit impérativement déclarer à ses supérieurs la présence d'un proche parmi les clients, les fournisseurs, les partenaires financiers ou les sociétés concurrentes.
• Faire preuve de loyauté.
Les collaborateurs s'engagent à ne pas divulguer d'informations qui pourraient renforcer la concurrence.

• Respecter la réputation et l'image de la société.
Les salariés n'altèrent pas la réputation de l'entreprise dans leurs actes ou leurs propos.

Restez raisonnable dans votre niveau d'exigence. Les salariés doivent accepter sereinement cette charte et non la subir.

EN CAS **D'ÉCHEC** OU DE **PROBLÈME**

PARTIE V

93. Comment faire face aux impayés ?

Si chaque mois, plusieurs clients tardent à vous régler, ils peuvent affaiblir financièrement, voire mettre en péril votre activité de libéral. Bien souvent, il faudra faire preuve de patience avant de récupérer son dû.

Agissez très rapidement en suivant une procédure. Essayez d'abord de trouver un accord amiable par téléphone avec vos différents débiteurs. Si cela reste sans effets, il faut envoyer une, voire deux lettres de relance. Faute de règlement une semaine après cette deuxième lettre, il est temps d'envoyer une mise en demeure en recommandé avec accusé de réception. Le ton se veut alors beaucoup plus ferme.

Si votre mise en demeure reste sans réponse les quinze jours suivants, il est temps de lancer la procédure en injonction de payer, après avoir vérifié que votre débiteur n'est pas en redressement ou liquidation judiciaire. Si votre débiteur est un particulier, vous devez vous adresser au tribunal d'instance de sa ville de résidence. Si c'est une entreprise, vous devez solliciter le tribunal de commerce qui a procédé à son immatriculation. Cette requête en injonction de payer, qui vous coûtera 31,61 euros quel que soit le montant de la dette à récupérer, doit être la plus précise possible. Joignez tous les documents justificatifs nécessaires (bon de commande, contrat, copie de facture, traite acceptée revenue impayée, lettre de mise demeure, récépissé de courrier de recommandé avec accusé de réception…) et déposez votre requête au greffe du tribunal. Un magistrat jugera du bien-fondé de votre demande (5 % seulement sont rejetées).

Encore un peu de patience ! Trois semaines d'attente en moyenne dans les tribunaux de commerce, mais parfois deux mois dans les tribunaux d'instance. Lorsque le juge a rendu une ordonnance portant injonction de payer, le débiteur dispose d'un mois pour faire appel, ce qu'il fait très rarement. Passé ce délai, vous devez recevoir l'ordonnance « injonction de payer », qui a valeur de jugement, avancer les frais de justice (à la charge du débiteur) en sollicitant un huissier de justice et *enfin* récupérer votre créance.

94. Résilier un bail professionnel : mode d'emploi

Il n'y a rien de plus simple que de résilier un bail professionnel. Contrairement au bail commercial, le bail professionnel est très peu réglementé (loi du 6 juillet 1989).
Bien que sa durée minimale soit de six ans, vous pouvez en tant que locataire le résilier à tout moment, par recommandé avec accusé de réception, sous réserve de respecter un délai de préavis de six mois.
Si vous êtes propriétaire, vous pouvez dénoncer ce contrat six mois avant le terme prévu (passé ce délai, le renouvellement du bail est considéré comme tacite) en adressant au locataire une lettre recommandée avec accusé de réception, sans indiquer vos motivations (cassation civile 3e, 29 juin 2011, n° 10-21465) et sans avoir à verser d'indemnités d'éviction.
Votre décision est lourde de conséquences pour le locataire. Vous pouvez anéantir six ans d'efforts d'un professionnel qui n'avait pas fini d'amortir ses investissements, et commençait tout juste à fidéliser sa clientèle. Et rien ne vous empêche de relouer à un locataire exerçant la même profession ou d'occuper les locaux pour exercer la même profession que votre ancien locataire, sauf clause prévue dans le bail.
A noter que, depuis le 1er janvier 2010, les conflits portant sur un bail professionnel sont examinés au tribunal de grande instance.

95. Se séparer d'un collaborateur

La séparation se fait sous différentes formes. Il y a d'abord la rupture conventionnelle, le licenciement pour motif personnel et le licenciement économique. Bien entendu, suivant le cas de figure, la procédure et la législation ne sont pas les mêmes.

Si vos personnalités, vos méthodes de travail s'opposent en permanence, il est temps de vous séparer en trouvant un accord à l'amiable. La **rupture conventionnelle** (depuis la loi du 25 juin 2008 sur la modernisation du marché du travail) le permet. La procédure démarre par un ou plusieurs entretiens au cours desquels les deux parties se mettent d'accord sur le principe et les modalités de la rupture avant de rédiger et de signer une convention (conditions de la rupture et montant de l'indemnité versée : 1/5e de mois par année d'ancienneté). Si, dans les quinze jours, personne ne s'est rétracté, une demande d'homologation est adressée à la Direction départementale du travail. Passé quinze jours sans réponse, elle est acquise.

Le **licenciement pour motif personnel** est beaucoup plus délicat. Vous devez en tant qu'employeur prouver la cause réelle et sérieuse de votre motif personnel (des faits objectifs vérifiables) et généralement une insuffisance professionnelle, sinon gare à vous en cas de contestation devant les prud'hommes. Vous devez convoquer le salarié à un entretien préalable puis lui adresser en recommandé avec accusé de réception une lettre où sont indiqués tous les motifs précis. Ce collaborateur percevra une indemnité compensatrice de congés payés, ses primes au prorata du temps passé dans l'entreprise, et l'indemnité de licenciement la plus favorable (légale ou conventionnelle).

Se séparer d'un collaborateur pour des **motifs économiques** est toujours un crève-cœur. Vous supprimez son poste parce que votre société se porte mal. La procédure à respecter est la même que dans le cas précédent : entretien préalable, courrier où figurent le motif économique et sa nature exacte (le code du travail est formel) puis toutes les indemnités légales auxquelles il a droit.

96. Quitter son associé

Vous avez créé une société à deux – généralement une SARL – et vous souhaitez ardemment quitter votre associé parce que vous rencontrez des problèmes ?
Votre départ dépend de deux paramètres : le montant de vos parts et les modalités de cession prévues dans les statuts.

• Premier cas de figure : vous êtes actionnaire minoritaire (33 % de parts sociales) et lassé de le rester, car votre associé majoritaire a tout pouvoir pour imposer ses décisions en assemblée générale ordinaire ou en assemblée générale extraordinaire.
Une seule solution : céder vos parts à un acquéreur suivant les modalités définies dans les statuts. Tant que vous n'avez pas trouvé d'acquéreur, vous resterez « prisonnier » de vos parts en prenant votre mal en patience.

• Deuxième cas de figure très fréquent d'après de nombreux témoignages : n'avoir rien prévu dans les statuts par naïveté ou excès de confiance et commis la bêtise de créer une SARL en cogérance : 50 % de parts chacun au nom de l'amitié.
Une belle amitié qui va voler en éclats, notamment à cause de ce mode de fonctionnement.
Bien souvent, l'égalité stricte est un piège qui permet à chaque gérant de disposer de tous les pouvoirs pour engager la société. Le moindre désaccord stratégique provoque une situation de blocage mettant en danger l'entreprise, et vous êtes dans l'impasse.
Surtout, ne démissionnez pas sur un coup de tête. En tant que cogérant, vous êtes coresponsable pénalement et civilement des éventuelles fautes de gestion.
Bien que le dialogue soit rompu, mettez-vous d'accord pour trouver le plus rapidement possible un nouvel acquéreur qui acceptera la cogérance (et cette fois-ci, soyez précis dans les statuts) ou incitez votre associé à racheter toutes vos parts (ça peut faire beaucoup pour lui), quitte à transformer la SARL en EURL, Entreprise unipersonnelle à responsabilité limitée.
En dernier recours, il reste la longue et coûteuse bataille juridique.
Vous l'avez compris, dans certaines situations, il est très difficile de quitter son associé.

97. Comment faire si vous ne pouvez plus payer de charges ?

Les professionnels libéraux doivent payer des charges sociales pour leurs salariés et pour eux-mêmes. Si vous ne pouvez plus payer vos charges sociales, il faut vous empresser de contacter les différentes caisses dont vous dépendez : le régime social des indépendants (pour l'assurance maladie maternité, indemnités journalières), la Caisse interprofessionnelle de prévoyance et d'assurance vieillesse (pour l'assurance vieillesse et la retraite de base et complémentaire) et l'Urssaf (pour les allocations familiales, la CSG, la CRDS, et la CFP, Contribution à la formation professionnelle).

• Premier réflexe : écrivez-leur, ou sollicitez un rendez-vous d'urgence en demandant un échelonnement ou un moratoire des cotisations en raison de difficultés de trésorerie.

• Deuxième possibilité : demandez une autorisation de découvert temporaire à votre banque le temps de percevoir vos factures, ou sollicitez un crédit en montant un dossier avec des contrats signés de commandes à venir.

• Troisième solution : recherchez un associé qui vous sort de vos difficultés. Même si vous perdez en autonomie de gestion et pouvoir de décision, il est toujours possible de négocier des parts significatives dans le futur capital, ce qui entraînera une réduction d'impôts l'année suivante.

• Quatrième recours : ouvrez une procédure de sauvegarde. Vous présentez votre demande auprès du tribunal de grande instance. Si un magistrat la juge recevable, il nomme un juge-commissaire, un représentant des salariés, des créanciers et un administrateur judiciaire. Pendant cette période d'observation de six mois, où vous conservez vos pouvoirs, l'administrateur judiciaire ne fait que vous assister. Aucune action n'est intentée contre les personnes physiques qui se sont portées caution, aucune dette privée n'est honorée, aucun intérêt de retard sur les emprunts n'est prélevé, et les organismes publics autorisent un étalement ou une remise partielle des impayés.

Une fois la période d'observation terminée, si l'entreprise est jugée viable, vous repassez devant le juge, qui met en place un plan de sauvegarde en tenant compte de la situation économique de votre secteur d'activité, de votre bilan comptable, de votre carnet de commandes et de vos compétences… pour une durée maximale de dix ans.

98. Cesser l'activité

Pour cesser l'activité, il faut d'abord se déclarer en cessation de paiement, appelée communément « dépôt de bilan ». L'entrepreneur individuel engage cette procédure auprès du tribunal de grande instance car il se rend compte que son actif disponible (solde bancaire, factures de clients en attente, réserve de crédit remboursable, stocks, titres, actions, parts sociales) est bien inférieur à son passif exigible (dettes sociales, salariales, fiscales, de loyers ou de fournisseurs).

▶ **Attention** : un entrepreneur qui tarde trop avant de déclarer une cessation de paiement peut être poursuivi pour faute de gestion.

Le problème ne se pose pas dans les sociétés personnes morales, car des salariés ou un créancier ont la possibilité de déposer une demande.
De nombreux documents doivent être apportés, dont la liste des personnes solidairement responsables, le bilan comptable de la dernière année, l'état de la trésorerie, de l'actif, du passif, le montant des dettes pour chaque créancier et le montant des salaires impayés de chaque salarié.
La demande de cessation de paiements entraîne le déclenchement d'une procédure judiciaire (redressement ou liquidation) dans un délai de quarante-cinq jours.
A l'issue de ce délai, si le tribunal estime que l'entreprise et les emplois peuvent encore être sauvés, il lance une procédure de redressement judiciaire sur une période maximale de dix-huit mois. En revanche, si le tribunal considère qu'il est trop tard, il prononce la liquidation judiciaire et nomme trois personnes pour l'encadrer : un juge-commissaire, un mandataire judiciaire appelé communément « liquidateur judiciaire », et un représentant du personnel. Le liquidateur judiciaire met fin aux contrats, procède aux formalités de licenciement du personnel qui récupère ses salaires impayés auprès du Fonds national de garantie des salaires, au règlement total ou partiel des dettes, et à la vente aux enchères de tous les actifs mobiliers par le commissaire-priseur qui a effectué l'inventaire.

Les personnes physiques qui ont cautionné une dette de l'entreprise ou consenti une garantie autonome peuvent à nouveau être poursuivies (droit de poursuite individuelle). Enfin, la liquidation judiciaire provoque la cessation totale d'activité.

99. Garder sa clientèle

Garder sa clientèle lors d'une séparation professionnelle est très réglementé, notamment dans le milieu de la santé depuis l'instauration de l'article 18 de la loi 2005-882 du 2 août 2005 en faveur des petites et moyennes entreprises, qui a donné un cadre légal au collaborateur libéral dans les cabinets médicaux.

Le collaborateur consacre son activité à la clientèle du titulaire tout en ayant la possibilité de créer sa clientèle personnelle sur ses « heures libres » d'après un quota déterminé. Alors, comment peut-il garder sa clientèle quand le contrat prend fin ? Grâce à des engagements mutuels.

Les engagements du nouveau contrat

Pour éviter tout litige, le conseil national des chirurgiens-dentistes a modifié les contrats de collaboration. Aujourd'hui, le collaborateur s'engage à transmettre dans les trois mois qui suivent son départ la liste de ses patients recensée périodiquement suivant des modalités bien définies, et le titulaire laisse le collaborateur apposer sa plaque de transfert de cabinet médical pendant un an. Mais l'installation (après une collaboration supérieure à trois mois) doit se faire lors d'une zone délimitée pendant deux ans pour éviter toute concurrence comme le stipulent plusieurs articles du code de la santé publique repris par la plupart des ordres médicaux.
Dans d'autres cas de figure, garder sa clientèle est un mal nécessaire et la seule richesse. Votre associé vous quitte alors que l'entreprise est en difficulté, bien que vous ayez acquis une certaine notoriété et un savoir-faire dans votre activité.

Garder sa clientèle ou disparaître

Garder sa clientèle lorsque vous traversez des problèmes vous oblige à faire preuve d'innovation en termes de produit, à proposer des services que l'on ne trouve pas chez vos concurrents, à ajuster vos prix en consentant des remises en contrepartie de grosses commandes ou contrats de longue durée et surtout à trouver de l'argent frais avec un nouveau partenaire, quitte à perdre une partie de votre autonomie sur le plan de la gestion.

100. Revendre sa clientèle

Revendre sa clientèle obéit à des règles en vigueur. Généralement, deux méthodes de calcul sont appliquées : le prix des actifs et la valeur de rendement, et plusieurs critères concernant l'environnement au sens large.

Première méthode : le prix des actifs

Le prix des actifs représente 10 à 30 % du chiffre d'affaires. Mais cette méthode montre ses limites, car le chiffre d'affaires masque parfois des disparités. A chiffre d'affaires égal et volume d'activité égal, deux sociétés n'ont pas du tout les mêmes coûts. Le vendeur valorise son chiffre d'affaires, qui a peut-être entraîné un déficit.

Deuxième méthode : la valeur rendement

Dans cette deuxième méthode, pour calculer la valeur rendement, on applique un coefficient de 3 à 7 (suivant les points forts et les points faibles) sur les bénéfices des trois dernières années.
Cette méthode a aussi ses faiblesses, car les investissements futurs et le besoin en fonds de roulement ne sont pas pris en compte dans cette estimation.

L'environnement

De nombreux autres paramètres, l'environnement au sens large, permettent d'affiner le diagnostic. Voici les cinq paramètres essentiels pris en compte :
• **le type de clientèle** (fidèle ou de passage) : le vendeur peut demander une clause de minoration du prix de 10 à 20 % en cas de fuite d'une partie d'entre elles. Alors n'hésitez pas à présenter le nouvel acquéreur à la clientèle ;
• **la qualité du personnel** (son niveau de qualification, ses relations avec la clientèle) ;

• **l'état des équipements et des aménagements** nécessitant ou pas de nouveaux engagements ;
• **l'organisation du cabinet ou de l'entreprise** (dossiers bien archivés) ;
• **la réputation de la société** (le paramètre le moins quantifiable).

▶ **Bon à savoir** : si vous vendez votre clientèle pour partir à la retraite, vous bénéficierez d'avantages fiscaux différents suivant votre statut. En tant qu'entrepreneur individuel, vous serez exonéré de l'impôt sur le revenu sur les plus-values réalisées (quel que soit le montant) mais soumis aux prélèvements sociaux (CSG, CRDS à hauteur de 11 %). Si vous êtes travailleur indépendant, vous serez exonéré de tout à condition que votre chiffre d'affaires ne dépasse pas 90 000 euros.

Liste des professions et des activités libérales

Voici la liste des professions et des activités libérales affiliées à la Caisse interprofessionnelle de prévoyance et d'assurance vieillesse (source : Cipav).

A

Accompagnateur de groupe
Accompagnateur de moyenne montagne
Actuaire
Agent d'enquête assermenté par les tribunaux
Agent de promotion
Agent de protection
Agent de renseignements privés
Agent de sécurité
Agent privé de recherches
Agrée en architecture
Aide relationnelle (si psychologue ou psychothérapeute)
Analyste-programmeur
Animateur
Animateur d'art
Animateur-speaker
Arbitre de bridge
Archéologue
Architecte
Architecte d'intérieur (non DPLG)
Architecte d'intérieur DPLG
Architecte naval
Architecte paysagiste
Artiste non créateur d'œuvres originales (art. L. 382-1 CSS)
Art-thérapeute
Assimilé vigile à titre libéral
Assistant aéroportuaire
Assistant ethnographe
Assistant informatique
Assistant scolaire
Assistant technique

Assistante sociale à titre libéral
Attaché de presse
Audit et conseil

C

Cameraman
Cartographe
Chargé d'enquête à titre libéral
Chercheur contractuel
Chercheur scientifique
Chimiste
Classificateur colombophile
Coach
Coach sportif
Collaborateur d'architecte
Coloriste-conseil
Commissaire d'une exposition
Commissaire de piste
Concepteur-rédacteur
Concession de brevets, licences ou marques
Conciliateur pour entreprises en difficulté
Conférencier
Conseil artistique
Conseil chargé de mission
Conseil commercial
Conseil conjugal
Conseil d'entreprise
Conseil de gestion
Conseil de sociétés
Conseil éditorial
Conseil en brevets d'invention
Conseil en conservation du patrimoine
Conseil en communication
Conseil en décoration
Conseil en économie
Conseil en expansion
Conseil en formation
Conseil en gestion
Conseil en gestion de patrimoine

Conseil en gestion de tutelle
Conseil en gestion financière
Conseil en immobilier
Conseil en importation
Conseil en informatique
Conseil en management
Conseil en marketing
Conseil en optique
Conseil en organisation
Conseil en produits de régime
Conseil en publicité
Conseil en recrutement
Conseil en relations publiques
Conseil en ressources humaines
Conseil en stratégie
Conseil en télématique
Conseil en transmission
Conseil ergonome
Conseil financier
Conseil littéraire
Conseil logistique
Conseil matrimonial
Conseil qualité comptable
Conseil scientifique
Conseil social
Conseil technique
Conservateur du patrimoine
Consultant
Contrôle de céréales et semence
Contrôleur
Coordinateur
Coordination de chantiers
Coordination de travaux
Copiste
Correcteur-lecteur
Correspondant local de la presse écrite
Correspondant sportif
Coureur automobile
Créateur d'art
Créateur d'œuvres artistiques non originales

Créateur industriel
Créateur de sites Internet
Cruciverbiste

D

Décorateur
Décorateur-conseil
Décorateur ensemblier
Délégué du procureur
Designer
Dessinateur
Dessinateur artistique (non créateur d'œuvres originales)
Dessinateur assisté par ordinateur
Dessinateur-cartographe
Dessinateur en bâtiment
Dessinateur industriel
Dessinateur maquettiste
Dessinateur projeteur
Dessinateur publicitaire (non assujetti à la taxe professionnelle)
Dessinateur technique
Dessinateur topographique
Détective
Développement de logiciels
Diététicien
Documentaliste

E

Economiste
Economiste-conseil
Economiste consultant
Economiste de la construction
Ecrivain public
Educateur
Enquêteur
Enquêteur d'assurances
Enquêteur social
Enseignant
Entraîneur d'échecs

Entraîneur sportif
Ergonome
Ergothérapeute à titre libéral
Esthétique industrielle
Ethnologue
Etudes de marché
Etudes d'environnement
Etudes des structures
Etudes électroniques
Etudes en conception
Etudes en nutrition
Etudes et conseils
Etudes et développement
Etudes et recherches en textiles
Etudes expertises
Etudes historiques sur le patrimoine
Etudes informatiques
Etudes sociologiques
Etudes statistiques
Etudes statistiques et économiques
Etudes techniques
Expert
Expert agricole
Expert assureur
Expert automobile
Expert de tableaux
Expert en art mobilier
Expert en assurances
Expert en bâtiment
Expert en écritures
Expert en grêle
Expert en objets d'art
Expert en œuvres d'art
Expert en pollution
Expert foncier
Expert forestier
Expert immobilier
Expert judiciaire
Expert maritime
Expert psychologique

Expert tarificateur
Exploitant de brevets, licences ou marques
Exploitation de techniques

F

Formateur

G

Gardien de sécurité
Généalogiste
Géographe
Géologue
Géomètre expert
Géophysicien
Gérant de holding (si consultant ou conseil en gestion)
Gérant de tutelle
Gestion d'entreprises
Graphiste non créateur d'œuvres originales
Graphiste publicitaire
Graphologue
Graphologue psychologue
Guide de haute montagne
Guide touristique

H

Historien
Historien du patrimoine
Hôtesse d'exposition
Hydrogéologue

I

Iconographe
Infographiste
Informaticien
Ingénieur
Ingénieur chimiste

Ingénieur-conseil
Ingénieur-conseil plastique
Ingénieur d'affaires
Ingénieur du son
Ingénieur en informatique
Ingénieur expert
Ingénieur mécanicien
Ingénieur thermicien
Ingénieur œnologue
Interprète
Interprète de conférences
Interprète guide
Interprète traducteur
Inventeur
Inventeur conférencier
Inventoriste en pharmacie
Investigateur

J

Joueur de bridge
Joueur de golf
Joueur de tennis
Joueur professionnel (sport individuel)
Journaliste indépendant

L

Lecteur
Liquidateur de société

M

Maître-chien
Maître d'œuvre
Maître nageur
Mandataire de société
Mandataire judiciaire à la protection des majeurs
Manipulateur d'électroradiologie
Mannequin libre

Maquettiste
Marketing
Médiateur pénal
Médiéviste
Merchandiseur
Métreur
Métreur en peinture
Métreur vérificateur
Modèle libre
Moniteur
Moniteur de ski
Moniteur de sports
Moniteur de voile
Moniteur d'éducation physique
Musicothérapeute

N

Naturaliste
Naturopathe
Noteur
Noteur copiste
Nutritionniste

O

Océanographe
Œnologue
Organisateur d'événements en tout genre
Organisateur de convoi exceptionnel
Orientateur
Ostéopathe

P

Paysagiste (activité en bureau d'études, sans lien avec le cycle de la production végétale)
Peseur-juré de fret maritime
Pigiste correspondant de la presse écrite
Pilote d'aéronef non propriétaire de son engin

Pilote de course automobile
Plasticien-conseil
Prédicateur non ecclésiastique
Préparateur physique à domicile
Prestataire en informatique
Professeur
Professeur de danse
Professeur de dessin
Professeur de golf
Professeur de gymnastique
Professeur de judo
Professeur de langues
Professeur de musique
Professeur de piano
Professeur de ski
Professeur de sport
Professeur de tennis
Professeur de voile
Professeur de yoga
Programmeur
Psychanalyste non-médecin diplômé
Psychanalyste non-médecin non diplômé
Psychologue
Psychologue clinicien
Psychomotricien
Psychosociologue
Psychotechnicien
Psychothérapeute (l'usage du titre est réglementé)
Publicitaire

R

Recrutement et communication
Rédacteur
Rédacteur documentaliste
Rédacteur scientifique
Relations presse
Relations publiques
Répétiteur
Reporter correspondant de la presse écrite

S

Sapiteur (expert)
Scénographe
Sculpteur
Skipper
Sociologue
Speaker
Spéléologue
Sportif professionnel
Statisticien
Sténotypiste de conférences
Styliste
Surveillant de travaux
Surveillant gardiennage
Syndic d'immeuble (à titre occasionnel, non inscrit au registre du commerce et des sociétés)

T

Technicien artificier
Technicien conseil
Technicien de l'électroencéphalographie
Technicien du bâtiment
Technicien du cinéma
Technicien du son
Thermicien
Topographe
Traducteur
Traducteur interprète
Traducteur technique
Transcripteur
Travaux bibliographiques
Travaux informatiques
Travaux télématiques

U

Urbaniste

V

Vérificateur
Vérificateur de monuments historiques
Vigile à titre libéral

Sources

- Hervé Bommelaer, *Booster son business, Gagner de nouveaux clients grâce au Networking…*, éditions Eyrolles, 2007.
- www.apce.com/APCE (Agence pour la création d'entreprise).
- www.economie.gouv.fr (ministère de l'Economie, des Finances et de l'Industrie).
- www.unapl.fr (Union nationale des professions libérales).
- www.opcalpl.com (Organisme paritaire collecteur agréé des professions libérales).
- www.fifpl.fr (Fonds interprofessionnel de formations des professionnels libéraux).
- www.professionsliberales.org (Maisons des professions libérales).
- www.service.cipav-retraite.fr (Caisse interprofessionnelle de prévoyance et d'assurance vieillesse pour les professionnels libéraux).
- www.entreprises.ccip.fr (chambre de commerce et d'industrie de Paris, regroupe toutes les CCI).
- www.travail-emploi-sante.gouv.fr (ministère du Travail, de l'Emploi et de la Santé).

Collection projet professionnel
Studyrama

Choisir de quitter la ville
Comment créer votre entreprise ?
Créer et gérer une association
Décrochez un emploi grâce aux réseaux
Demandeurs d'emploi, créez votre entreprise
Devenir assistante maternelle
Entretien d'embauche et tests de recrutement
Faire soi-même son bilan de compétences
Gagner de l'argent sur internet
Gérer une association
Gérer une entreprise en difficulté
La lettre de motivation : méthode et modèles
Le CV : méthode et modèles
Le grand livre de la candidature gagnante
Le grand livre de la correspondance
Le grand livre de la création d'entreprise
Le grand livre de la gestion des associations
Le grand livre de la lettre de motivation
Le grand livre de la reconversion professionnelle
Le grand livre de l'entretien d'embauche
Le grand livre des tests de recrutement
Le grand livre du CV
Le guide du CV en langues étrangères
L'entretien d'embauche en anglais
L'officiel des salaires
Ouvrir ou reprendre un bar-café-brasserie
Ouvrir ou reprendre un hôtel-restaurant
Ouvrir un gîte ou une chambre d'hôte
Réaliser son projet professionnel
Reprendre le chemin du travail
Réussir sa candidature en anglais

Tout savoir sur le droit individuel à la formation
Travailler chez soi
Travailler son marketing personnel
Trouver une idée de création d'entreprise
Votre image candidat
Ouvrir une boutique bio

VIVRE À L'ÉTRANGER

Travailler ou étudier au Canada
Travailler ou étudier aux Etats-Unis
Travailler ou étudier en Australie et Nouvelle-Zélande
Travailler ou étudier en Espagne
Travailler ou étudier en Grande-Bretagne et en Irlande
Vivre et travailler à l'étranger
Vivre et travailler aux Etats-Unis et au Canada
Vivre et travailler dans l'Europe des 27 / Travailler ou étudier en Europe

34/38, rue Camille-Pelletan - 92309 Levallois-Perret cedex
Imprimerie France Quercy - 46090 Mercuès
Imprimé en France - 1er trimestre 2012 - n° 20238/

Service éditorial : Fanny Bouteiller, Marjorie Champetier, Elsa Goisnard, Deborah Lopez, Pascal Julie, Marie-Amélie Mollet, Elodie Sebbah
Conception graphique : Catherine Aubin

Dépôt légal à parution
ISBN 978-2-7590-1588-7